# 闇に葬られた古代史

## なぜ、西国は東国の歴史を隠ぺいしたのか

関　裕二
Yuji Seki

装幀◎杉本欣右
図版◎笹森　識
ＤＴＰ◎サッシィファム
編集協力◎オフィスＯＮ

## ◎はじめに

東の古代史は、抹殺《まっさつ》されている。存在があまりにも大きすぎたために、八世紀初頭に権力を握った藤原不比等《ふじわらのふひと》は、歴史から消してしまったのだ。しかし考古学の進歩によって、真実の歴史が解《と》き明《あ》かされようとしている。

たとえば、三世紀の日本列島内の人の流れを描いた松本武彦の図（『全集　日本の歴史　第一巻　列島創世記』小学館）を見た時、腰を抜かすほど驚いた。藤原不比等が巧妙に隠してしまったヤマト建国と、大切な東国《とうごく》の歴史を、すでに考古学は、いとも簡単に解き明かしてしまっているではないか……、そう感じた。

三世紀といえば、邪馬台国《やまたいこく》の時代であり、ヤマト建国の時代だ。これまで、「文化と文《ぶん》物《ぶつ》は朝鮮半島から日本へ、そして北部九州から東へ流れた」と信じられてきた。人の流れも、もっぱら「西から東」と信じられてきたのだ。ところが、現実には、当時の人の流れは「名古屋（尾張《おわり》）から奈良（大和《やまと》）」、「奈良から九州（筑紫《つくし》）」だったのである。

ちなみに、なぜ人の動きがわかるかというと、当時の人たちは「マイ土器《どき》」を背負《せお》って旅をしていたからだ。地元で造られた地方色豊かな土器を持参し、自炊《じすい》し、土器が壊《こわ》れれば、自己流の土器を造っていたわけである。だから、土器の分布と数を調べれば、おおよその人びとの流れと交流の歴史が浮かび上がってくるわけである。

それにしても、この三世紀の「東から西」という人びとの流れ、これまでの常識を完ぺきに覆《くつがえ》している。逆に問い直せば、なぜわれわれは、「西から東」という常識に縛《しば》られてきたのだろうか。

現存最古の正史『日本書紀』が編纂《へんさん》されたのは、西暦七二〇年。この時、朝堂《ちょうどう》のトップに立っていたのは藤原不比等で、歴史書編纂に強大な発言権を持っていたことは間違いない。すでに拙著『なぜ「日本書紀」は古代史を偽装《ぎそう》したのか』(実業之日本社じっぴコンパクト新書)の中で指摘したように、『日本書紀』は「天皇家のために書かれた」のではなく、「藤原氏の正義を証明するため」に書かれたのであり、この中で藤原不比等は、多くの史実をねじ曲げ、都合の悪い事実を抹殺している。その過程で、ヤマト建国の歴史も闇《やみ》に葬《ほうむ》り、誤解を生むような記述を恣意《しい》的に書き加えている。

われわれは、欺《あざむ》かれていたのだ。『日本書紀』は読めば、初代神武《じんむ》天皇は大軍を率《ひき》いて九州を旅立ち、ヤマトを圧倒していたと考えてしまう。しかしここに、落とし穴が隠され

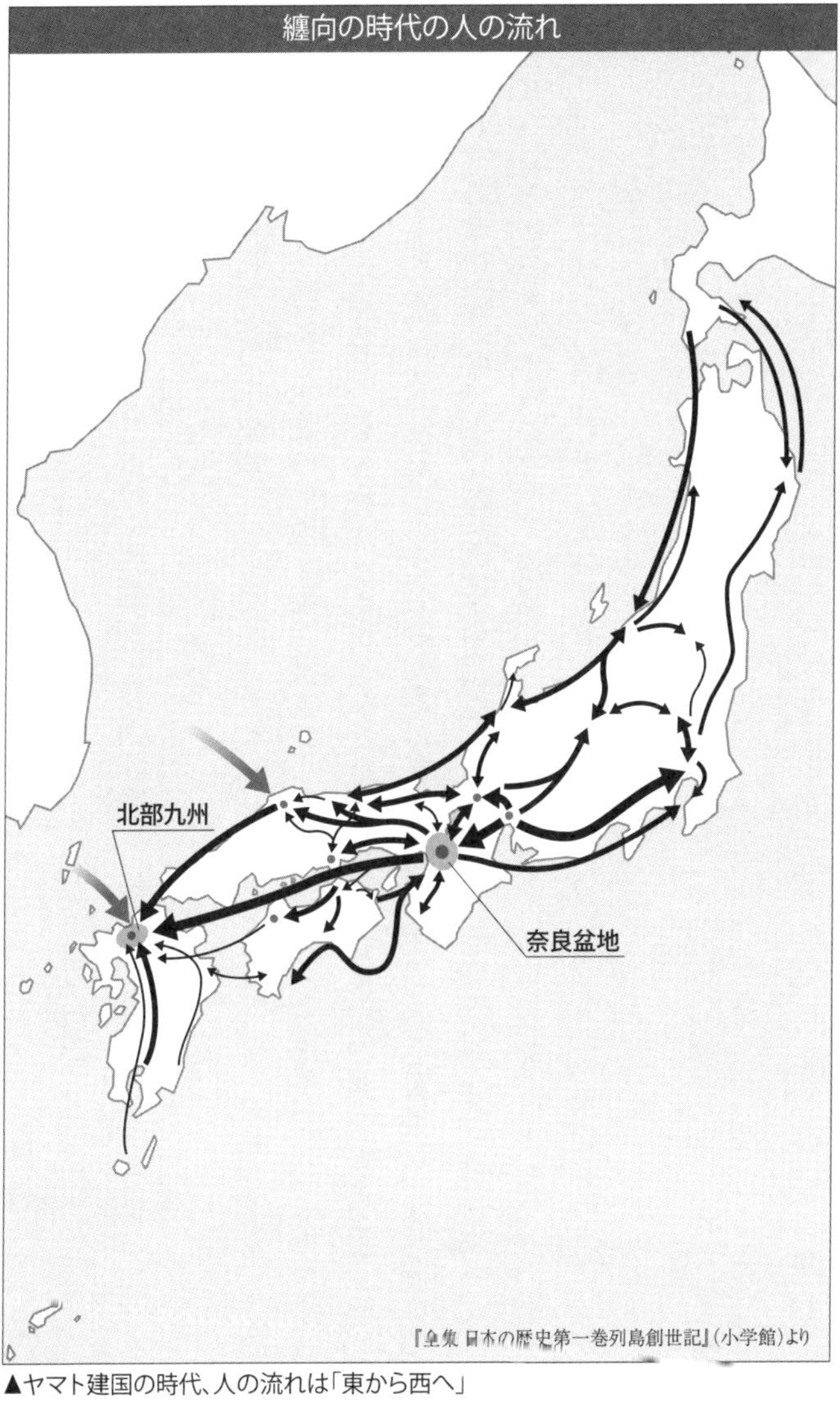


▲ヤマト建国の時代、人の流れは「東から西へ」

ていた。本当のヤマト建国に、「東（関ヶ原《せきがはら》から東）」が関《かか》わっていたことを抹殺している。そして、「西側が政権を築いた」と信じ込ませるカラクリが周到に用意されていたのだ。『日本書紀』は、「東」を徹底的に無視し、過小評価し、蔑視《べっし》した。ヤマトを揺《ゆ》るがした二つの大事件に、東が大いに関わっていたが、ほとんど無視してしまっている。一つは、今掲げた神武東征《とうせい》とヤマト建国。そしてもう一つは、七世紀の壬申《じんしん》の乱（六七二年）である。皇位継承《こういけいしょう》争いが勃発し、身の危険を感じた大海人皇子《おおあまのみこ》（のちの天武《てんむ》天皇）は、わずかな手勢とともに東国に逃れ、東国の加勢を得ると、近江に流れ込み、政敵を圧倒したのだ。ところが『日本書紀』は、乱最大の功労者である東海地方の雄族《ゆうぞく》・尾張氏の姿を、歴史から抹殺してしまった。ヤマト建国も壬申の乱も、日本の姿を一変させた大事件であり、そのとき「関ヶ原の東側」の勢力が大活躍し、「関ヶ原の西側」に攻め入っていたのに、『日本書紀』はきれいさっぱり、記録から抹消してしまったのだ。ここに、古代史最大の謎が眠っている。

なぜ藤原不比等は、『日本書紀』の中で「東」を抹殺したのだろうか。何が藤原不比等にとって不都合だったのだろうか。

難しく考えることはない。まず、われわれが信じてきた常識を一度取り払い、これまでにわかってきた事実を、一つずつ積み上げていけばよいのだ。

『日本書紀』によって消し去られた「東」の歴史が再現できれば、新たな古代史像が浮かび上がってくるに決まっている。それでなくとも、巨大前方後円墳《ぜんぽうこうえんふん》は、「東」が畿内《きない》を除く「西」を、数でも規模でも圧倒しているという事実を、ほとんどの人が知らずにいる。この「知らないでいる現実」を提示するだけでも、多くのヒントが浮かび上がってくるはずなのだ。

そこでまず、話を「怒っている東」から始めようと思う。平将門《たいらのまさかど》の怨霊《おんりょう》だ。これが、侮《あなど》れない。

関裕二

## 闇に葬られた古代史――なぜ、西国は東国の歴史を隠ぺいしたのか◉目次

## 第一章 ヤマト建国と抹殺された東国

## 【第二章】縄文と弥生、継体天皇とヤマトにみる東西事情……095

## 第三章 東国で勢力を誇った上毛野氏の正体 …… 129

## 第四章 西国に復讐する東国

# 序章

# なぜ、「平将門《たいらのまさかど》の祟《たた》り」は恐ろしいのか

## 容赦《ようしゃ》なく祟《たた》る平将門《たいらのまさかど》

日本を代表する祟り神といえば、崇徳《すとく》天皇や菅原道真《すがわらのみちざね》の名が挙《あ》がるだろう。ただし、平安時代の朝廷は、これらを徹底的に祀《まつ》り上げたため、祟りは鎮《しず》まった。菅原道真に至っては、「恨《うら》んだ人間をピンポイントで殺す」恐ろしい神だったのに、学問の神様となった。

一方、なぜか恐れられ、祀られ続けたにもかかわらず、いまだに「恐ろしい祟り神」と敬《うやま》われている神が存在する。坂東《ばんどう》（関東）で大暴《おおあば》れした平将門だ。祟りなど迷信に過ぎないと信じられているが、なぜか平将門の祟りは、「生々しく語り継がれ、実際に祟っている」のだ。ここに、関東の祟り神の特殊性が見出されるのではあるまいか。

皇居からほど近い大手町の高層オフィス街の片隅に、平将門首塚《くびづか》が祀られる。ここは神《かん》田《だ》神社の旧地といわれ、近くには御手洗池《みたらしいけ》があった。明治時代に大蔵省が置かれていたが、池と平将門首塚は破壊されず、守られた。「祟る」と語り継がれる恐怖スポットだ。

ちなみに、平将門首塚は、大正十二年（一九二三）九月一日の関東大震災で罹災《りさい》し、それがあって発掘調査が行なわれた。そして、首塚は五世紀の小型の円墳《えんふん》（あるいは前方後円墳）と判明し、長方形の石室が確認された。考古学調査のあと、遺跡は破壊され、御手洗池も埋《う》めてしまい、大蔵省の仮庁舎を建設した。すると工事関係者にけが人や死者が出たほか、大蔵官僚や大臣を含め、二年間で十四人が亡《な》くなるという怪奇現象が起きた。

この結果、庁舎は壊され、昭和三年（一九二八）には平将門の鎮魂祭《ちんこんさい》が執《と》り行なわれたが、祟りはこれで終わらなかった。昭和十五年（一九四〇）六月二十日、都内で落雷があり、大手町一帯で火災が発生した。なぜこれが平将門の祟りとみなされたかというと、平将門没後千年の年だったからだ。燃えた庁舎は再建されず移転した。ただし、まだ続きがある。米軍の空襲によって、大手町付近は焼け野原となったが、敗戦後ＧＨＱが整地した時、ブルドーザーが大きな石に衝突し横転、日本人作業員一名が死亡、一名が大けがを負った。その後もけが人が続出したので、不審に思い調べてみると、ここはかつての将門塚があった場所で、石は石標《せきひょう》と判明した。平将門の祟りは容赦がなかった……。

## 三カ月生き続けた生首

なぜ、平将門は恐れられたのだろうか。そこで平将門の生涯を追ってみよう。

天慶《てんぎょう》二年（九三九）十一月、平将門は常陸国衙《ひたちこくが》を襲い、朝廷に反旗《はんき》を翻《ひるがえ》した。その後、下野《しもつけ》、上野《こうずけ》、相模《さがみ》の国衙を掌握《しょうあく》し、関東の主となり、「新皇《しんのう》」を自称した。各種の「印」を作り、足柄《あしがら》と碓氷《うすい》の二つの関を固め、関東は独立した。翌年平定されるが、平将門の乱は朝廷に衝撃を与えた。都の貴族たちにとって最も恐れていた事態だったからだ。

平将門が敗死したのは、天慶三年（九四〇）二月十四日のこと。藤原秀郷《ひでさと》や平貞盛《さだもり》らと戦っている最中、流れ矢にあたって亡くなった。死亡現場には国王《こくおう》神社（茨城県坂東市）が建てられ、平将門の霊を弔《とむら》っている。

『太平記』巻第十六「日本朝敵ノ事」には、平将門の恐ろしい話が記録されている。

朱雀院《すざくいん》の御宇《ぎょう》承平《じょうへい》五年（九三五）に平将門が東国に下《くだ》り相馬郡《そうまぐん》に都を立て、自ら平親王《へいしんのう》を名乗った。官軍はみなこれを破ろうとしたが、平将門の体は鉄でできているかのようで、矢や石をはね返し、剣や戟《げき》でも通じなかった。みな相談し、呪術《じゅじゅつ》を用いて平将門を倒そうと考えた。鉄の四天王を鋳《い》て比叡山《ひえいざん》に奉納し、呪った。すると天から白羽の矢が降りて来て、平将門の眉間《みけん》を突き刺し、俵藤太《たわらのとうた》秀郷（藤原秀郷）が首を捕《と》った。首は獄門にかけられ晒《さら》されたが、三月《みつき》経っても色が変わらず、目を見開き、歯をかみしめ、「斬《き》られた体の

▲今なお祟る？ 平将門の雄姿　（芳年武者无類 相模次郎平将門 国立国会図書館蔵）

ありかを教えろ」、「頭をつなげて、また戦う」と夜な夜な喋《しゃべ》り続けた。人びとはみな恐れた。時に、前を通った人が「将門ハ米《こめ》カミヨリゾ斬ラレケル俵藤太ガ謀《はかりごと》ニテ（鉄の体をもつ平将門の唯一の弱点はこめかみで、そこを俵藤太秀郷に射抜かれた）」と歌を詠《よ》むと、平将門の頭は笑ったあと、目を伏せ、その屍《しかばね》は、ついに朽《く》ち果てた……。

なんともおどろおどろしい話だ。

## 恐れられ続けた平将門

神田明神《みょうじん》（神田神社。東京都千代田区神田）も、平将門を祀る。

神田明神はもともと「神田ノ宮」と呼ばれ、「神田の鎮《しず》め」のために天平《てんぴょう》二年（七三〇）に建てられた。東大寺を建立《こんりゅう》した聖武《しょうむ》天皇の時代というから、これが本当なら、古い歴史を有していることになる。祭神は出雲《いずも》の大己貴命《おおあなむちのみこと》で、もともとは武蔵《むさし》国豊島《としま》郡江戸芝崎にあった。千代田区大手町一丁目のあたりだ。そこに、平将門の首塚が建てられていたから、神田明神といえば、平将門を連想するほど、強い関係を持つようになった。

神社には、次のように伝わる。天慶三年（九四〇）、俵藤太秀郷に落とされた平将門の首は京の東の市に晒《さら》されたが、三日後に白光を放ったかと思うと東に飛んでいき、武蔵国と志摩郡芝崎に落ちた。天地暗転鳴動《めいどう》し、みな恐れおののいた。そこで塚を築き、首を懇《ねんご》ろに葬った。その場所が神田ノ宮からすぐ近くで、その後、しばしば祟りが起きたので、徳治《とくじ》二年（一三〇七）に供養《くよう》し、神田ノ宮に合祀《ごうし》した。すると、祟り神は守護の霊に転じ、今日に至ったという。ただし、祭りを怠《おこた》ると平将門は怒り、祟ると信じられている。だから、神田祭は平将門鎮魂の目的がある。また、天正《てんしょう》十八年（一五九〇）に徳川家康は江戸に入り、江戸城を造営した。この際、神田ノ宮は駿河台《するがだい》に遷《うつ》され、さらに元和《げんな》二年（一六一六）、現在の場所に遷され、江戸城の鬼門除《きもんよ》けとなった。平将門の首塚には祭りの時、神田明神から神主が赴《おもむ》き、祝詞《のりと》をあげるようになった……。やはり、平将門は丁重に祀られ、恐れられていたことがわかる。

戦国時代に編《あ》まれた『将門純友《すみとも》東西軍記』には、神田明神に平将門が祀られるに至る経緯が残される。平将門の胴体は、切り落とされた首を追って下野から武州《ぶしゅう》（武蔵国）にやってきたが、豊島郡で力尽き倒れてしまい、荒《あら》ぶる霊が人びとを苦しめた。そこで一社を建立し、平将門は平貞盛に目を射抜かれたので、そこを郷民は瞎明神《かためみょうじん》と呼んだ。この「瞎」

がのちに「神田」になったという。

江戸時代に至っても、平将門伝承は忘れられなかったようだ。尾ひれがついて、恐怖心を煽《あお》っている。江戸時代初頭成立の『月刈藻集《つきのかるもしゅう》』は神田神社について、少し違う伝承を載せている。藤原秀郷が平将門を滅ぼすために祈願した神社だという。まだ平将門が生きている時の話だ。夜ふけに神田神社に秀郷がやってくると、怒った形相《ぎょうそう》の平将門の首が現れたので、太刀《たち》で切り払うと消えてなくなった。神の御利生《ごりしょう》と思い尊《とうと》び、勝利できたなら、新しい社を建てることを誓った。すると思い通りに勝利できたので、社を造営し、また平将門を祀る小さな社を建てたという。

## 群盗《ぐんとう》が跋扈《ばっこ》する時代

なぜ、平将門の祟りは、いまだに恐れられるのだろうか。ここに、「東と西」の、深く悲しい歴史が横たわっているのではないかと、筆者は考える。

そこでまず、平将門の乱のいきさつからみていこう。

平将門が登場する直前の九世紀末から十世紀初頭（寛平《かんぴょう》・延喜《えんぎ》年間）にかけて、東国では反乱が相次いでいた。まだ平氏も源氏も、関東に遣《つか》わされていない時だ。寛平七年（八九五）には、物部氏永《もののべのうじなが》が率いる坂東群盗が暴れ回った。科野《しなの》、上野《こうずけ》、甲斐《かい》、武蔵で狼藉《ろうぜき》を働いたのだ。追討軍が周辺諸国から派遣されると、碓氷峠と足柄峠（箱根）を越えて逃げてしまった。その後、昌泰《しょうたい》二年（八九九）に、上野国で群盗の被害が頻発し、翌年物部氏永は捕縛された。けれどもしばらく、関東で群盗の被害が絶《た》えなかった。延喜元年（九〇一）がピークで鎮圧されていったが、このあと、駿河、越後《えちご》、飛騨《ひだ》、下総《しもうさ》に、争乱は飛び火していった。北部九州でも、新羅《しらぎ》の海賊が襲いかかり、また、群盗が暴れ回った。やや遅れて、瀬戸内海も騒然としていたようだ。

ちなみに、群盗の跋扈《ばっこ》は、すでに平城京の時代に始まっていたようだ。律令制度が整った当初は、軍事力が充実していたので、これを抑《おさ》え込むことができた。しかし、清和《せいわ》天皇の貞観《じょうがん》年代（八五九〜八七六年）ごろになると、京の周辺に群盗が出没するようになった。地方から貢納《こうのう》される財を狙って、集団で掠奪《りゃくだつ》行為に及んだのだ。殺し、奪い、火を放つという狼藉《ろうぜき》をくり返し、内裏《だいり》もうかうかしていられない状態になった。そこで、武者《むしゃ》を近辺に配置するようになっていく。十世紀前半には、干魃《かんばつ》、飢餓《きが》、天災、疫病《えきびょう》の蔓延《まんえん》で、不穏《ふおん》な空気が流れた。当然、京中に群盗があふれかえった。承平《じょうへい》元年（九三一）には、貴族の館《やかた》が不審火で焼け、別の館には群盗が立てこもるなどの事件が続いた。群盗だけではない。畿内周辺諸国の国守と在地勢力の争いも激化し、手のつけられない状態になっていた。

## 律令制《りつりょうせい》の変質と弱体化した軍団

なぜ、このような事態に陥ってしまったのかというと、理由はいくつもある。

まず第一に、律令制度の変質が挙げられる。律令制度は八世紀前半に整い、中央集権的な軍制も完成した。一戸から一人の民を徴集し、約二〇万人もの兵力をかき集めたのだ。ただし、これらは海外の敵に対する備えと、新羅に対する牽制《けんせい》の意味を兼《か》ね、「東夷《とうい》の小帝国」の威厳を保つために維持されていたようなものだ。また、奈良時代には組織化された軍団兵士制が生まれていた。ただし、軍団を維持するのは非効率的だった。徴集した民は、労役《ろうえき》その他が免除されたうえに、白村江《はくすきのえ》の戦い（六六三年）以降、対外戦争は起きなかったから、無用の長物となり果てた。結局、宝亀《ほうき》十一年（七八〇）に軍団は縮小され、延暦《えんりゃく》十一年（七九二）に、東北の奥羽《おうう》と北部九州の大宰府《だざいふ》管内諸国を除いて廃止された。

これに代わって整えられたのが「健児制《こんでいせい》」で、軍事を郡司《ぐんじ》（国司《こくし》の下で働く地方官。もともと土着の有力者だった）の子弟に務《つと》めさせたのだ。健児は一国に二〇人から二〇〇人で構成され、国府を守った。けれども、かつてのような軍団とは比べものにならないほど脆《ぜい》弱《じゃく》だった。ここに、混乱のきっかけの一つが隠されていた。

ところで、律令制度は原始的な共産体制だから、システム崩壊は時間の問題で、実際、重税と労役に苦しみ、土地を手放して逃亡し、本籍地を離れて流浪《るろう》する者（浪人）があとをたたなかった。そこで朝廷は律令軍制を廃止したあと、形骸化《けいがいか》していった律令の土地制度を建て直すために規制緩和を進めていく。本籍地から離れた場所で暮らす「浪人」を認め、公民と同じように扱い、課税した（不論土浪人《ふろんどろうにん》）。また、公出挙稲《くすいことう》の運用を、郡衙《ぐんが》（郡の役所）から郷（有力農民）に移管し、出た利益を国衙が吸い上げていく形となった。公出挙稲は稲の低金利貸付制度で、この結果、有力農民が富を蓄《たくわ》えるようになり、貧富の差が拡大していった。ちなみにこの規制緩和、今日《こんにち》的な「民のための政策」ではなかった。土着国司子弟、郡司、有力農民が富み栄え、貧しい民から土地を奪い取り、耕地を増やしていった。そしてもちろん、不満を抱える者や野望を抱く者が登場してくる。

日本各地で、一部の農民と郡司、そして富裕層（郡司富豪層）が私腹を肥やしていくと、受領《ずりょう》（実際に現地に赴《おもむ》いた国司の責任者。守《かみ》、権守《ごんのかみ》、介《すけ》）に抵抗していくようになる。郡司富豪層は、都の王臣家《おうしんけ》（藤原北家《ほっけ》ら、有力貴族）に直接結びつくことによって、受領の収奪（本当はこちらが正規の徴税行為）から逃《のが》れようとしたのだ。すなわち、郡司富豪層は王臣家に土地を寄進してしまって、受領が手出しできないようにしてしまったわけで、こちらが脱税行為をしているようなものだった。この悪《あ》しき慣習が黙認されていたのは、郡司富豪層のわがままを許すことで、京の王臣家のふところに「何もしないのに土地が転がり込んでくる」からで、王臣家は笑いが止まらなかっただろう。

また、増長した郡司富豪層は、さらに悪事を重ねていく。たとえば、地方から都に調《ちょう》と庸《よう》を運ばなければならないが、この運送に携《たずさ》わっていたのが、郡司富豪層で（京に運ぶ責任者を「綱領《こうりょう》」と呼んだ）、彼らは京に着くと、奪われてもいないのに、「群盗《ぐんとう》海賊被害届」を提出し、本来運び込むはずの調・庸を着服する輩《やから》も現れた。もう、何でもありだ。

## 改革の負の側面

ところが、ここで郡司富豪層たちの立場に変化が起きる。政界を牛耳《ぎゅうじ》っていた関白《かんぱく》・藤原基経《もとつね》が没すると、宇多《うだ》天皇は菅原道真を大抜擢《だいばってき》した。彼の受領時代の経験を活かし、本来国に納まるべき税収をしっかりと集めようと、抜本的な構造改革に乗り出した。律令制度の巻き返しを図ったのだ。

宇多天皇はこの時代には珍しく、母が皇族で、藤原氏は外戚《がいせき》の地位からはずれていた。そのためだろうか、宇多天皇は藤原基経と仲が悪く、意趣返しの色合いも濃かった。菅原道真を起用することで、「反藤原」を標榜《ひょうぼう》したわけだ。改革の内容を見れば、それまで政権中枢にいた者には成し遂げられない内容となっている。既得権益が邪魔して、身を削《けず》る改革はできなかっただろうからである。

菅原道真がまず目指したのは、地方の郡司富豪層と中央の王臣家とのつながりを断ち切ることであった。王臣家に対する田地や私的な邸宅の寄進を禁じた。また、富豪層が王臣家人となることを禁止し、王臣家人化した富豪層に対し、納税を拒《こば》むことを禁止した。また、王臣家人に対する徴税権を受領に与えた。これを王臣家人が拒否すれば、受領によって国外追放、逮捕されるようになった。

さらに、大蔵省《おおくらのつかさ》から官司《かんし》、官人に給付されていた必要物品は、受領から受け取ることになった。このため、調・庸の京への運搬は、受領の責任の下《もと》に行なわれ、郡司富豪層が関与する方式は廃止された。このため、綱領による横領、嘘の報告はできなくなり、郡司富豪層と王臣家が結託しても、あまり意味がなくなったのである。

土地制度も改革した。富豪層が脱税目的に王臣家に寄進していた土地の免税特権を奪い取り、もとの公田《くでん》に戻した。これで普通に税が徴収できるようになったのだ。

この結果、受領の立場に大きな変化があった。任期四年の間に一定の貢納物を朝廷に納めれば、それ以外の収入（税）は私的財産としてため込むことができるようになった。このため、支配する国の税率を思い通りに変動させ、受領が私腹を肥やしていくこととなる。悪代官ならぬ、悪受領がここから増殖し、『今昔《こんじゃく》物語集』でも酷評《こくひょう》されている。改革の長所と短所が、ここで露《あら》わになった形である。

## 関東に平氏がやって来た

実をいうと、すでに述べた物部氏永の反乱は、改革によって受領の力が増大したことに起因していた。坂東諸国の群盗蜂起は、受領との新たな軋轢《あつれき》によって生まれた制度改革の負の側面だったのである。

かつて調・庸を運んでいた富豪層は、荷物を運ぶ運送業を続けていた。そしてあろうことか、彼らは群れ集まり、凶賊となっていた。もともとは群盗から身を守るために武装化していた彼らだが、自ら馬を奪い、山賊の真似事を始めた。無法者に朽ち果てていた彼らは「富豪浪人」化していったため、これに足かせをはめる必要があった。そこで、国に留まって納税するかどうかを確認し、背《そむ》くようであれば追放するように命じたのだった。

東国のみならず、日本各地の群盗蜂起《ほうき》に朝廷は頭を悩ませた。寛平七年（八九五）には畿内で群盗騒ぎが起こり、延喜三年（九〇三）に出羽《でわ》国で俘囚《ふしゅう》が蜂起し、延喜四年（九〇四）には安芸守《あきのかみ》の伴忠行《とものただゆき》が群盗に殺され、このあと瀬戸内海一帯でも、争乱状態に陥ってしまった。このため朝廷は、軍制改革を推《お》し進めたのだ。

まず、軍事力行使の場面で受領の裁量権を強くし、国内の反乱を鎮めるための押領使《おうりょうし》（国ごとの軍事指揮官）を任命した。そして武勇のある者は王臣家人といえども、軍事動員によって徴兵できると決めた。

また、群盗を抑え込んだ多くの武士たちに、公田を与え、私領開発の便宜を図り、土地に定着してもらうことで、軍事力としての役割を期待した。こうして新たな国衙軍制が誕生したのだ。

そして、ここで平氏と源氏が登場してくる。平将門の祖父・平高望《たかもち》（高望王）は、桓武《かんむ》天皇の孫・高見王《たかみおう》の子で、寛平年間に上総介《かずさのすけ》となって東国に赴き、あたりを平定したために、「平」の姓を下賜《かし》されたという。どうやら、押領使として赴任したようなのだ。平高望だけではなく、藤原利仁《としひと》やのちに平将門の首を討ち取る藤原秀郷も、この時代に関東に下っている。彼らの活躍によって、いったん坂東の争乱状態は落ち着きを取り戻したのである。

ならばなぜ、平将門の乱が勃発したのだろうか。

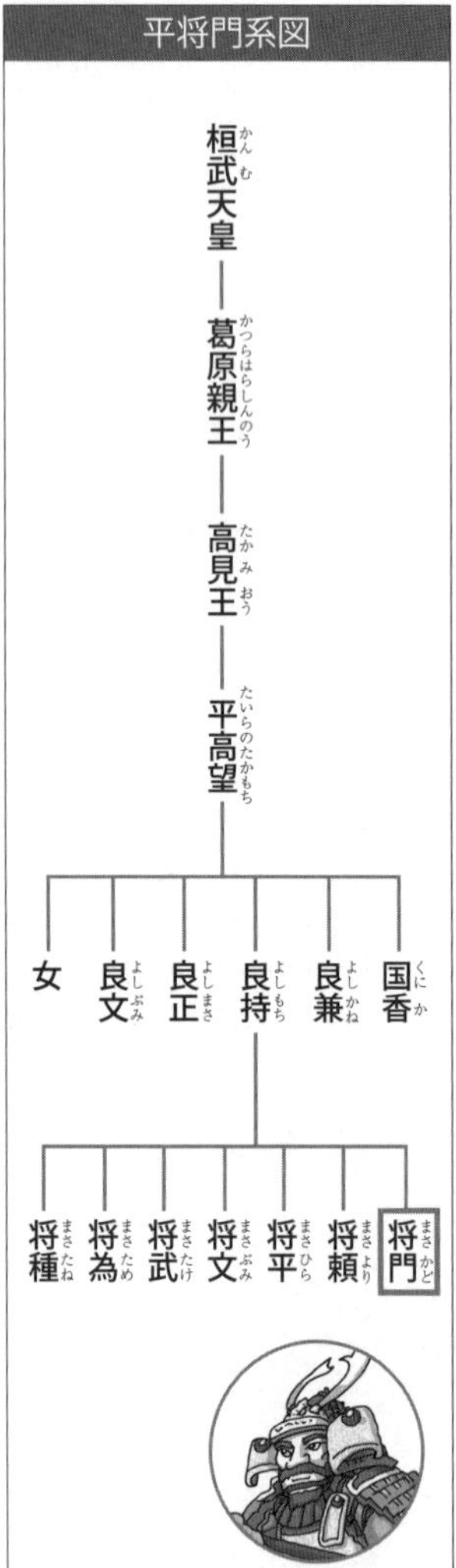

## なぜ、平将門は乱を起こしたのか

『日本紀略《にほんきりやく》』天慶二年（九三九）十二月二十七日条には、平将門の乱勃発《ぼっぱつ》の瞬間が生々しく記録されている。この日、坂東の隣、信濃《しなの》国の国府急使が一大事件を報告してきた。下総国豊田郡の武夫《つわもの》・平将門ならびに武蔵権守従五位下興世王《ごんのかみじゅごいげおきよおう》らを奉じて、謀反《むほん》を起こし、東国を虜掠《りょりゃく》したというのだ。

この時、平将門は無位無官だ。国府とも関係がない。これに対し、興世王は地方官で、それにもかかわらず平将門の名が先に挙がっているところから、首謀者が将門だったことがわかる。武夫とは武装集団であり、将門を含めて、在地の私闘に明け暮れていた人たちであった。古代の謀反が位の高い貴族（豪族）によって起こされたのとは違って、将門の乱は都の貴族たちが蔑視し、利用し、侮《あなど》っていた東夷《あずまえびす》、武夫たちによって起こされたところに話の妙がある。

そもそも、将門の乱とは、どのような事件だったのだろうか。

平将門の父は平高望の次男・平喜持《よしもち》で、下総国に土着し、鎮守府《ちんじゅふ》将軍にも任命され、陸《みち》奥国胆沢城《のくいざわじょう》に赴任したことがある。この役職は、北方交易によって財貨、珍宝を手に入れることが可能で、儲かったようだ。それで平喜持は左大臣《さだいじん》・藤原忠平《ただひら》に上納し、家人になったと思われる。この縁で、平将門も若い時分、京に出て藤原忠平に仕《つか》え、天皇の親衛隊になっている。

平将門が下総に戻ってきたのは、父が亡くなり残された領土を継《つ》ぐためだった。承平元年（九三一）ごろのことだ。拠点にしたのは、下総国豊田郡（鬼怒川《きぬがわ》東岸。二〇一五年九月に水害のあった地域だ。茨城県常総市東部、下妻市南部、結城郡の一部）、猿島郡（茨城県坂東市、古河市の一部、猿島郡境町）のあたりだ。

ただし、順風満帆《じゅんぷうまんぱん》というわけにはいかなかった。親族同士で、争いが始まったからだ。伯父《おじ》の国香《くにか》、叔父《おじ》の良兼《よしかね》との間に、遺領をめぐる争いが勃発したのだ。まずこの年、平将門は良兼と衝突した。そしてこのことが、平将門を孤立させてしまうのだ。しかし、平将門は強かった。承平五年（九三五）には、国香親子を打ち滅ぼし、近辺の平氏と争い、次々と破り、いつの間にか、平氏族長にのし上がった。そして、八年間、身内との「私闘」をくり広げ、一度は周囲を圧倒したのだった。この間、国衙も朝廷も、ほとんど介入していないし、平将門に好意的ですらあった。

## 「新皇」になってしまった平将門

ここから先、事態は思わぬ方向に進んでいく。天慶元年（九三八）、まだ正式に着任したわけではなかった武蔵国の権守《ごんのかみ》（国司の長官）・興世王と介《すけ》・源経基《つねもと》が国内を巡検しようとしたが、足立郡司で判官代《ほうがんだい》（在庁官人）の武蔵武芝《むさしのたけしば》に拒《こば》まれた。過剰なおもてなしをしなければならず、これを嫌ったのだ。これに激怒した興世王と源経基は、郡内に攻め入り、武蔵武芝の財と土地を奪った。そしてこの年の冬から翌年の春にかけて、興世王と武蔵武芝は互いに軍勢を率いて、にらみ合いを続けていたが、平将門が仲裁に入って、事なきを得た。ところが、ここでアクシデントに襲われる。源経基は戦闘態勢を解いていなかったため、武蔵武芝の軍勢が囲んでしまったのだ。興世王と平将門が武蔵武芝にそそのかされたと判断して、源経基は逃げた。陰謀によって殺されるところだったと誤解し、天慶二年（九三九）三月、都に「平将門謀反」と訴え出てしまったのだ。これが乱のきっかけとなった。

このあとの平将門謀反に至る経緯は複雑で、ここで説明しようとは思わない。関東に派遣され、欲にかられ無茶な要求を突きつけてきた受領と、官物《かんもつ》（租税）を滞納する富豪層の間に軋轢《あつれき》が生まれ、受領に対する不満が蓄積し、対立があちこちで生まれていた。この混乱の中で、平将門の軍勢が国庁を襲い、印鎰《いんやく》（国印と正倉の鍵。受領の権力の象徴）を奪い取り、受領の藤原維幾《これちよ》を捕縛し連行したのだ。ただし、掠奪し、私邸を焼き、妻女たちを凌辱《りょうじょく》してしまったのがまずかった。これは平将門の意図したものではなく、アクシデントといっても過言ではなかった。興世王は、「一つの国を滅ぼしただけでも、もはや大罪で、いっそのこと、坂東を占領してしまおう」と進言。すると平将門も、自身が桓武天皇の五代の孫であることを意識し、坂東の八カ国を占領して、京に攻め上ることを思い描いたようだ。

十二月十一日、平将門は数千の兵を率いて下野国に赴くと、受領たちは戦わずして降伏し、ひざまずいて、印鎰をささげた。このあと平将門の軍勢は、国庁と周辺の掠奪に走った。十五日には上野国でも印鎰を受け取り、二国の受領に護衛を副《そ》えて、京に帰した。また、各地の受領を「叙任《じょにん》」している。すなわち、本来なら朝廷が行なう人事を、勝手に平将門が始めたのだ。平将門の反逆は、ここに極まった。

そして十九日、上野国庁で平将門は即位儀礼を行ない、「新皇」となった。

興味が尽きないのは、この場面で八幡大菩薩《はちまんだいぼさつ》の使者である巫女《みこ》が登場して、八幡神が加勢すると伝えたのだ。さらに、菅原道真（の霊魂）が起草した位記（位階を授ける文書）をもたらし、平将門に自らの位（一品《いっぽん》）を授けるという託宣を下したことだった。まるで、奈良時代末の宇佐八幡宮託宣事件の焼き直しのような光景だ。

ちなみに、女帝・称徳《しょうとく》天皇に寵愛され、八幡神の神託によって即位するところだった道《どう》鏡《きょう》（弓削《ゆげ》道鏡）は、下野国に流され、生涯を閉じている。その伝承が残っていて、平将門即位に利用したのかもしれない。しかも、「日本を代表する祟り神」と恐れられた菅原道真も登場している。

ちなみに、菅原道真の祟りは民を苦しめたのではなく、菅原道真追い落としに荷担した京の貴族たち（藤原氏ら）を震撼させたのであり、ここに深い意味が隠されているように思えてならない。

平将門の行動に驚いた諸国の受領たちは、京に逃げ帰ってしまった。平将門は八ヵ国を巡検し、それぞれの国庁の印鎰を受け取った。

こうして、先に挙げた「平将門謀反」の一報が、信濃から京に届けられたのだ。また、その四日後には摂津《せっつ》国から藤原純友の乱が報告され、東西同時に偶然勃発した争乱に朝廷は浮き足だった。信濃国の国境を固め、内裏《だいり》を警護すること、三関固守《さんげん》を命じた。三関とは、伊勢国鈴鹿《すずか》（三重県亀山市）・美濃国不破《ふわ》（関ヶ原）・愛発《あらち》（福井県敦賀市南部の旧愛発村と滋賀県高島郡マキノ町との境にある有乳山《あらちやま》付近）だ。天慶三年（九四〇）正月元日には、朝廷は平将門と藤原純友追補のための人事を発令した。また、二月八日、征夷《せいい》大将軍が東に向かった。

そして、乱は意外にあっさりと鎮圧されてしまう。勇猛に戦った平将門だが、春の農作業が始まる時期、平将門の軍勢の多くは自宅に帰ってしまった。この隙を突かれ、近隣の反平将門勢力は破格の恩賞目当てに奮《ふる》い立ったのだ。平将門は同年二月十四日、矢にあたり、絶命した。

## なぜ、平将門の祟りだけが今日まで語り継がれ恐れられるのか

平将門の乱をどのように総括すればよいのだろうか。なぜ、平将門は新皇に立ったのだろうか。

平将門は新皇になったが、関東を独立させようとしていたわけではない、という考えも

ある。下向井龍彦は『日本の歴史　07　武士の成長と院政』（講談社）の中で、実際には坂東を制圧したあと、朝廷と和平交渉を行ない、和解するつもりだったと指摘しているが、この考えに素直に従うことはできない。

平将門は都の太政大臣《だじょうだいじん》・藤原忠平に書状を送り、平将門が桓武天皇の五代の孫（皇位継承権がある）であること、兵威をふるって天下の半分を支配しても不当なことではない、と宣言している。これだけ大風呂敷を広げてしまえば、これはだれが見ても謀反であり、もはや言い逃れも和平もあったものではない。朝廷側も、これを許すことはできなかっただろう。

ただ、ここで一つの疑念が生まれる。一連の騒動を俯瞰《ふかん》すれば、平将門は武力に任せて、朝廷に反旗を翻したのだから、成敗されても、祟るいわれはなかったことになる。代表的な祟り神である菅原道真たちの場合とは前提が異なる。嘘の報告によって貶《おとし》められ、罪もないのに流され、殺されていった人たちの恨みが恐ろしいから、祟りは成立する。しかし、平将門の場合、欺《だま》されたわけではないのだから、祟る理由がわからない。為政者の身辺で異変が起きた時、「平将門が恨んで祟って出た」と、即座に思い浮かぶようなことは想定できない。それにもかかわらず、平将門の祟りは、今日に至っても語り継がれている。これを、どう解釈すればよいのだろうか。同じように西国で反乱を起こした藤原純友の祟りが喧伝《けんでん》されないこととあわせれば、「なぜ、平将門の祟りは恐ろしいのか」という謎は深まるのである。あえて理由を挙げるとすれば、三つ考えられる。

第一に、平将門が八幡神の託宣を利用して、「新皇」に立ったことだった。現代人が想像する以上に、「神」や「王」の権威は揺るぎないものがあったはずなのだ。「自称」とはいえ、「新皇」に立ったこと、しかも藤原純友は貴族だったのに対し、平将門は桓武天皇の五代の孫であり、ここに大きな差があったと思われる。

第二に、やはり同じ関東に根を張る富豪層に討ち取られたことが、大きな意味を持っていよう。

そして第三に（ここが大切なことなのだが）、事件が東国で起きていたところに、問題の根深さが残されているように思えてならない。平将門に託した「東国の民の思い」が、祟りとなって伝説化し、今に伝えられているのではないかと思えてくるからである。

「東」の歴史の重要性が浮かび上がってくる。その意味でも、長年にわたる「東」の朝廷に対する恨みつらみの積み重ねが、平将門に仮託され、この男はヒーローとなり、死してのち神格化されたのではなかったか。問題は、「東」が「西」に恨みを抱《いだ》く歴史である。

# 第一章

# ヤマト建国と抹殺《まっさつ》された東国《とうごく》

## 「東」を見下していた『日本書紀』

「東」は長い間、「西」の風下《かざしも》に立たされてきた……。文物《ぶんぶつ》は東国に「下っていく」という発想は、常識となって歴史観を縛り続けてきた。しかし、すべてが西からやってきたわけではないし、「東」の実力は、しだいに明らかになっていくことだろう。

ではなぜ、これまで古代の「東」は低く見られてきたのだろうか。最大の原因は、正史『日本書紀』が「東」を軽視していたからではなかろうか。

『日本書紀』が編纂《へんさん》されたのは西暦七二〇年のこと。平城京遷都《せんと》（七一〇年）の十年後のことだ。中国の正史の多くは、王朝交替後に編纂され、前王朝の非が語られたが、『日本書紀』の場合、王家の入れ替えはなかったために、「朝廷のマジメな正式見解」と信じられてきた。しかし、ヤマト建国以来政権の中心に立っていた物部氏は、平城京遷都に際し、成り上がりの藤原不比等《ふじわらのふひと》の陰謀によって、旧都の留守役を命じられ、没落している。藤原不比等の父・中臣鎌足《なかとみのかまたり》は、七世紀前半の朝堂をリードした蘇我本宗家を滅ぼした。奈良に都を築いた政権は、旧勢力を追い落とし、実権を握った。だからこそ、歴史書は編《あ》まれたのだ。

問題は、その中で、「東」が徹底的に悪者にされ、野蛮視されていることだ。それ以上に問題なのは、八世紀以降、朝廷はなぜか東国を必要以上に恐れていくことなのである。

これまでの常識通り、文化も武力も「西」が圧倒していたのなら、なぜここまで朝廷は「東」を恐れたのだろうか。

たとえば景行《けいこう》二十五年秋七月条《じょう》には、武内宿禰《たけのうちのすくね》が東国に遣《つか》わされ、視察した報告が記録されている。

「東方の鄙《ひな》の国の中に、日高見国《ひだかみのくに》があります。その国の人は、男女みな髪を椎結《ついけい》（槌型《つちがた》）にして体に入墨《いれずみ》をし、人となりは勇敢です。これらは蝦夷《えみし》といい、土地は肥《こ》えて広いため、討ち取るべきです」

ここで武内宿禰は、一方的な侵略を促している。

そして『日本書紀』景行四十年七月条に、蝦夷にまつわる次のように記事が残されている。

東国に盤踞《ばんきょ》する人々の性格は凶暴で、人を辱《はずかし》めることを平気でする。村谷集落に長《おさ》はなく、各々《おのおの》境界を侵《おか》し合っては物を盗む。山には邪神がいる。野には鬼がいて往来もふさがれ、多くの人々は苦しんでいる。その中でも蝦夷は特に手強《てごわ》い。男女、親子の区別もなく、冬は穴に寝て、夏は木に棲《す》む。毛皮を着て動物の血を飲み、兄弟同士で疑い合う。山に登れば鳥のようであり、野原を走れば獣のようだ。恩を受けても忘れるが、恨みは必ず報《むく》いるという。矢を髪の毛の中に隠し、刀を衣の中に帯びている。徒党を組んでは辺境を侵し、収穫期には作物をかすめる。攻めれば草の中に隠れ、追えば山に逃げる。だから、昔から一度も王家に従ったためしがない。

この記事は、「稲作民」からみた「狩猟民」に対する蔑視が織り込まれている。確かに、弥生時代の東北北部は稲作を拒み続け、長い間「続《ぞく》縄文時代」が続いた。しかしその一方で、稲作を知らないから野蛮という発想そのものが間違っている。彼らは稲作を拒否したのであり、できなかったのではない。朝廷が非農耕民を差別したのは、律令制度の理念にそぐわないからだ。

人々が土地に定着し、毎年一定の税を朝廷に納めないと、律令制度は成り立たないのである。

## 「東」を極端に恐れた朝廷

実際、こののち触れていくように、日本文化の基層には縄文の智恵と習俗が流れ続けていて、これこそ、日本人の個性となり、日本の強みになったのだ。この側面を知れば、狩猟採集民を蔑視することはできなくなる。東国蔑視は偏見であることを理解いただけると思う。

そして八世紀の時点で、すでに東北地方には多くの移民が流れ込み、地域間の「人種の差」は、ほとんどなくなっていたと考えられている。とすれば、なぜ『日本書紀』はことさら「東」を野蛮視する必要があったのか、謎は深まるのである。

『続日本紀《しょくにほんぎ》』養老五年（七二一）五月条に、元正《げんしょう》天皇の崩御《ほうぎょ》（天皇の死）に続き、都の東側の三つの関《せき》が封鎖されたとある。これが「三関固守《さんげんこしゅ》」の初出記事だ。同様の処置は平安時代の大同五年（八一〇）までに十一回行なわれた。都で変事や事件が起きると、三つの関が閉められたのである。

前述したように、「三関」とは、伊勢国鈴鹿《すずか》関（三重県鈴鹿郡関町）、美濃国不破《ふわ》関（岐阜県不破郡関ヶ原町松尾）、越前国愛発《あらち》関（福井県敦賀市南部の旧愛発村と滋賀県高島郡マキノ町との境にある有乳山付近）の三つで、古代の「関東」は、これら三関の東側を指している。「謀反人」が東国に逃《のが》れ、挙兵するのを防止する目的があった。西側にはこのような「防衛ライン」は存在しない。朝廷は、東側だけ警戒したのである。

ちなみに、東西日本の嗜好《しこう》は、縄文的、弥生的に分かれるが、その境界線は現在ちょうど名古屋から富山に延びる高山本線の一帯と考えられているが、三関も東西文化の差から生まれた勢力圏（政治的な）の境目に位置していたと思われる。

このように、朝廷は「東」を蔑視すると同時に、極度に恐れていたことがわかる。ここに大きな謎が横たわる。

## 『日本書紀』は富士山を無視していた

詩人の宗左近《そうさこん》は、『古事記《こじき》』や『日本書紀』といった八世紀前半に記された歴史書が、富士山を無視していることに疑念を抱いた（『日本美　縄文の系譜』新潮選書）。歴史に富士山が登場するのは、その直後のことなのだ。

『古事記』のヤマトタケルの東征の記事で、ヤマトタケルは相武国《さがむのくに》（相模国。神奈川県）で欺《あざむ》かれ、野火を放たれて九死に一生を得ている。そこでここを「焼遣《やきつ》」と呼ぶようになった。これは静岡県の焼津《やいづ》のことではないかと疑われているが、いずれにせよ、富士山の目の前で事件は起きていたが、霊山の描写はまったくされていない。存在そのものが無視されている。ヤマトタケルが足柄《あしがら》の坂本（箱根の近くの足柄峠）で食事をした話は出てくるが、「富士には月見草がよく似合う」といった、やや斜《しゃ》に構えた感想さえ述べることもなかった。『古事記』、『日本書紀』編纂後約四十年を経て、『万葉集』が突然富士山を霊峰と崇《あが》め始めているのも、不可解だと宗左近は指摘してる。

朝廷が富士山を知らなかったはずはない。伊勢神宮の鎮座する三重県の海岸から、富士山は遠望できる。古代人の地理の知識を舐《な》めてはいけない。縄文時代、すでに人びとは富士山を崇めていたが、東国とヤマトの間に、すでに流通と交流の道は成立していたのだから、神々《こうごう》しい富士山の話は、「関西人」も聞き知っていただろう。

『万葉集』巻三―三二七は山部宿禰赤人《やまべのすくねあかひと》の富士山礼讃《らいさん》の歌だ。「天地開闢《かいびゃく》以来、神々しく高く貴《とうと》い駿河《するが》の富士」、「神々しい富士を、代々語り継いでいこう」という賛辞が送られている。

同書巻三―三一九の高橋虫麻呂《むしまろ》の歌には、次のようにある。

日《ひ》の本《もと》の　大和《やまと》の国の　鎮《しづめ》とも　座《いま》す神かも　宝とも　生《な》れる山かも　駿河なる
不盡《ふじ》の高嶺《たかね》は　見れど飽《あ》かぬかも

ここでは、日本を代表する「鎮」であり、「宝」とまで称賛されている。そこで宗左近は考えた。富士山は東国の蝦夷が信奉する山だった。だから『日本書紀』は富士山を無視したのだが、『日本書紀』編纂時から『万葉集』が編まれるまでの間に、朝廷が蝦夷らの勢力を支配下に組み込むために懐柔策が必要となったというのだ。

蝦夷の信奉している最高の神を、ひたすら讃嘆し、尊重することである。

そこで、富士山を、もてはやす（前掲書）

『日本書紀』が意図《いと》的に富士山を抹殺したという宗左近の指摘は正しいが、最後の推論に従うことはできない。『万葉集』の編纂目的は、『日本書紀』によって封印されてしまった真実の歴史を歌の配列や題詞《だいし》を駆使して暴《あば》くことであって、その中で『日本書紀』によって湮滅《いんめつ》されてしまった富士山が登場するのは、むしろ当然のことだと思う。これは蝦夷を懐柔するためではない。問題は、なぜ『日本書紀』は富士山まで無視されてしまったのか、であろう。やはりここで、「東」の古代史がからんでくるのである。

## いくつもの地域の活躍を抹殺した『日本書紀』

纒向《まきむく》遺跡（奈良県桜井市）の発掘調査が進み、ヤマト建国の詳細が判明してくると、『日本書紀』がいくつもの地域を湮滅していたこともわかってきた。

ちなみに、六世紀前の『日本書紀』の記事は、あまりあてにならないと信じられてきたが、『日本書紀』編者（主導していたのは藤原不比等だろう）はヤマト建国の詳細を知っていたからこそ、真相を誤魔化《ごまか》したと筆者は考える。出雲の国譲《くにゆず》り神話、四道《しどう》将軍の話などは、考古学の示すヤマト建国前後の様子を知っていなければ書けない内容だからである（拙著『蘇我氏の正体』新潮文庫）。たとえば、実在の初代王と目される崇神《すじん》天皇がさし向けた二人の将軍は、会津若松市で落ち合って、そこを「相津《あいず》」と呼ぶようになったというが、四世紀の前方後円墳の北限が、ほぼこのあたりだ。出雲国譲りも、単純な作り話ではない。現実にヤマト建国後に出雲勢力が没落していたことが考古学の進展によって明らかにされた。

『日本書紀』がヤマト建国の真相を闇《やみ》に葬《ほうむ》ったのは、藤原氏台頭《たいとう》の影で没落していった者たちの正統性を消し去ることが目的だったのだろう。すなわち、物部氏や蘇我氏らの祖こそが、ヤマト建国の功労者であった。

物部氏の祖の饒速日命《にぎはやひのみこと》は、空から降りて来たと『日本書紀』はいうが、どこからやって来たか明言していない。物部氏は九州にいくつも拠点を持っていることから、彼らは天皇の尖兵《せんぺい》としてヤマトにやって来たとする説があり、これまで有力視されてきたが、ヤマト建国に果たした北部九州の役割は極めて小さいのだから（考古学的にすでに証明されている）、ヤマトの諸制度を定め、ヤマト政権の中心に立ち続けた物部氏が九州出身とは思えない。物部氏はヤマト建国後、流通ルートを確保するために西に向かい、北部九州に進出し、朝鮮半島とつながっていったのだろう。

ならば、物部氏はどこからやって来たかというと、吉備《きび》（岡山県と広島県東部）だろう。

物部氏の拠点は大阪府八尾《やお》市付近だが、このあたりからヤマト建国時の吉備系の土器が大量に見つかっている。吉備はヤマトに前方後円墳の原型を持ち込んだヤマト建国最大の功労者で、物部氏の「あり方」とよく似ている。饒速日命は吉備出身だろう。そして、天皇家以前のヤマトの王の素姓を、『日本書紀』はあまり詳しく語りたくなかったのだろう。『日本書紀』は物部氏の出身地吉備とヤマト建国のつながりを隠ぺいしている。

## 尾張も隠ぺいされていた

『日本書紀』はもう一つ、大切な地域の活躍を無視している。それが、東方の「尾張《おわり》」である。

邪馬台国《やまたいこく》の卑弥呼《ひみこ》の時代は二世紀後半から三世紀半ばにかけて、ヤマトの纏向遺跡は三世紀から四世紀にかけての遺跡だ。纏向遺跡に前方後円墳《ぜんぽうこうえんふん》が登場して弥生時代が終わり、ヤマトは建国され、古墳時代が始まる。

時代の大転換点となった纏向遺跡には、各地から多くの土器が集まってきた（これを外来系の土器という）。その中に北部九州の土器は極めて少なかったが、逆に東海地方の土器は全体の半数近くに登っている。

巻頭「はじめに」で紹介した例の図を思い出してほしい。ヤマト建国直後の人の流れは、尾張（東海）→ヤマト→中国地方（瀬戸内海と出雲《いずも》）→北部九州であった。あるいは、東海から東に向かって、ベクトルは延びていた。この図を見れば、「東海で何かが破裂して、衝撃波が周囲に広がっていったのではないか」と察しがつく。とはいっても、史学界はこれまでの「畿内中心史観」に毒されたままだから、いまだに「尾張の奇妙な動き」をほとんど無視する。東海系の土器が多いのは、「東海地方から都づくりの労働力を集めてきたのだろう」と、高《たか》をくくっているのが実情だ。

しかし一方で、前方後方墳（念のために断っておくが、前方後円墳ではない。前も後ろも方形）が、纏向の初期型の前方後円墳とほぼ同時に生まれたこと（最初の前方後方墳は、滋賀県東近江市の神郷亀塚古墳《じんごうかめづかこふん》）、日本各地に伝播《でんぱ》していたのは、むしろ前方後方墳のほうが先だったという指摘が提出されている。

三世紀前半に前方後方墳が近江（滋賀県）と濃尾《のうび》（岐阜県南部と愛知県西部）で産声《うぶごえ》をあげたと主張する植田文雄は、『「前方後方墳」出現社会の研究』（学生社）の中で、これまで前方後円墳を頂点とし、前方後方墳、円墳、方墳というヒエラルキー（ピラミッド型

## 古墳の種類

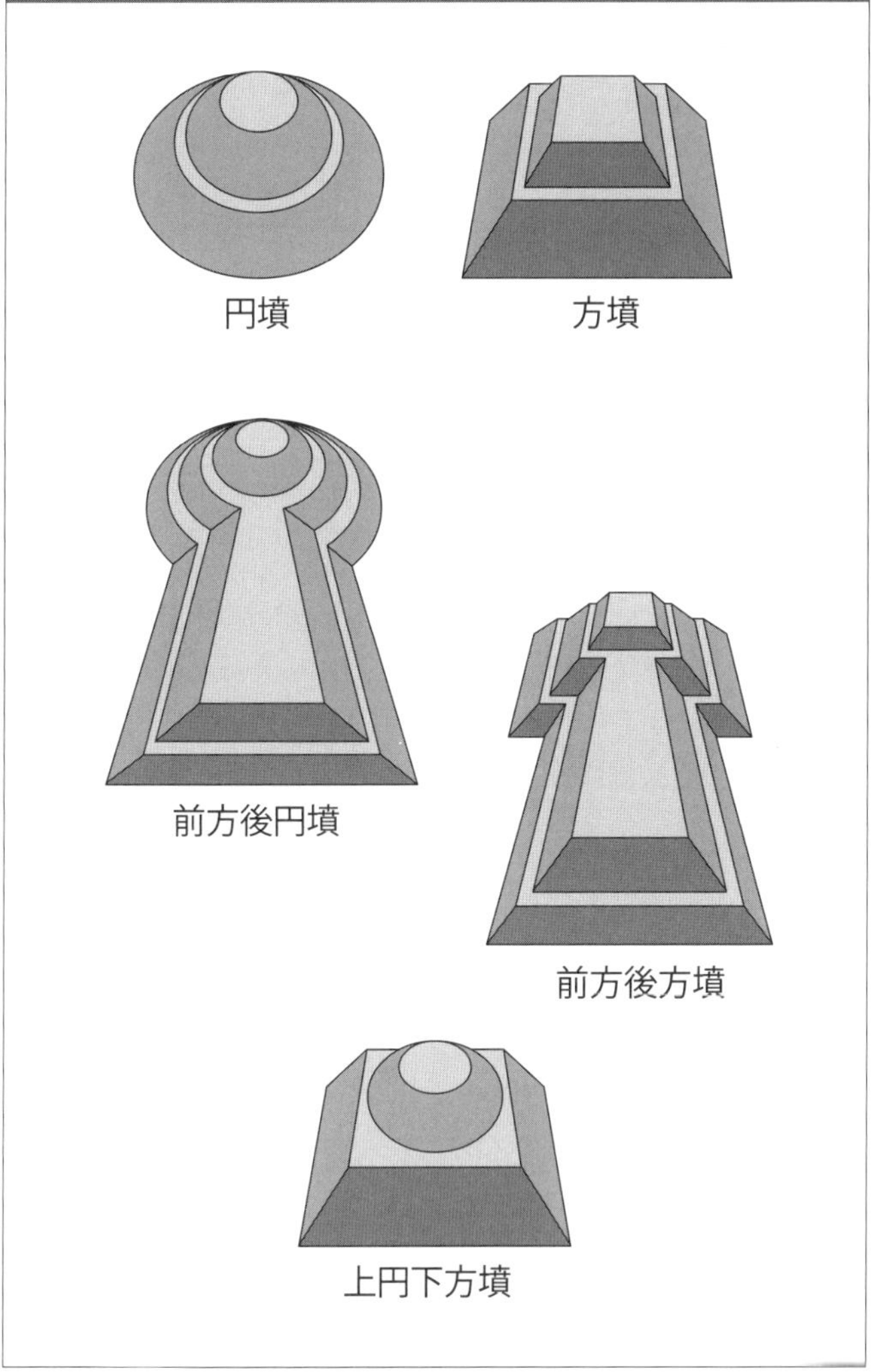


▲それぞれの墳型は身分的なヒエラルキーを示すものともいわれている

の階級）が存在していたと考えられてきたが、古墳出現期に限っていえば、この図式はあてはまらないこと、今まで「古墳時代」には含まれなかった「纏向誕生から箸墓《はしはか》古墳（箸《はし》中山《なかやま》古墳）ができるまで」の期間も、古墳時代と主張し、独自の土器編年から、ここで前方後方墳が出現していたこと、前方後円墳よりも先に各地に伝播していたと推理したのである。

ちなみに、北関東は前方後方墳の密集地帯で、栃木県大田原市の下侍塚《しもさむらいづか》古墳は「日本一美しい前方後方墳」と称賛されているが、水戸《みと》光圀《みつくに》（水戸黄門）が元禄《げんろく》五年（一六九二）に学術調査し、そのあと遺跡保存のために松を植えている。実際に行ってみればわかるが、「日本一」の呼び名に恥じない、みごとな前方後方墳である。

もう一ヵ所、旧出雲国も、なぜか長い間、前方後方墳を好んで造営している。ここに大きな謎が隠されているのだが、今回は出雲の話は省略する。

なぜ、近江と濃尾に忽然《こつぜん》と前方後方墳が生まれたのだろうか。それはヤマト建国の直前、丹波《たんば》周辺から文物が流れ込んだことが原因であった（物と人の流れは実証されている）。こうして近江と濃尾は、急速に発展したのだ。

もちろん、このあたりの事情も、『日本書紀』にはまったく描かれていない。

いったい、ヤマトと尾張で何が起きていたのだろうか。そしてなぜ、『日本書紀』はこの様子を語ろうとしなかったのか。

もう一つ、興味深い遺跡を紹介しておこう。一般にはほとんど無名だが（遺跡を跡形もなく埋めてしまったから、忘れ去られてしまったのかもしれないが）、ここは無視できない。伊勢遺跡である。

## 弥生時代を代表する伊勢遺跡

伊勢遺跡はヤマト建国と東国の古代史の謎を追ううえで、極めて大切な遺跡なので、少し詳しく内容を見ていこう。

昭和五十八年（一九八一）、滋賀県守山《もりやま》市と栗東《りっとう》市にまたがる微高地《びこうち》に、巨大遺跡が姿を現した。その後、百次を超える発掘調査の結果、ここが弥生《やよい》時代後期を代表する巨大環《かん》濠《ごう》集落だったことがわかってきた。邪馬台国ではないかと騒がれた佐賀県の吉野《よしの》ケ《が》里《り》遺跡や奈良県の唐古《からこ》・鍵《かぎ》遺跡と肩を並べるほどの規模を誇っている。

楕円《だえん》形（東西約七〇〇メートル、南北約四五〇メートル。面積約三〇ヘクタール）の環濠集落で、弥生時代後期（一〜二世紀）の倭国大乱《わこく》の時代に最盛期を迎え、纏向遺跡の時代になると衰弱してしまう。ちなみに、これも不思議なことなのだが、近畿地方の弥生時代の巨大環濠集落は中期に解体され、集落は分散してしまう。伊勢遺跡のように後期に巨大化することのほうが異例なのである。

伊勢遺跡のほぼ東側に、三上山《みかみやま》がそびえる。遺跡の南側に一五〜三〇メートルの川が流れ、集落造営のための資材は川を利用して運んでいる。

塀《へい》（柵《さく》）で仕切られた方形区画に、大型の掘立柱《ほったてばしら》建物一棟、独立棟持柱《むなもちばしら》建物三棟が威風堂々と居並んでいた。環濠集落の中、ここが特別な場所で王の居館をイメージさせる。

もう一つ、独自の配列の建物群が見つかっている。伊勢遺跡で見つかった大型掘立柱建物十三棟うちの七棟で、集落の中心をなす直径約二二〇メートルの円状に中心を向いて配置されていて、約一八メートルの間隔で並んだ六棟の独立棟持柱付建物（実際には三十棟あったはず）と、屋内に棟持柱を備えた大型建物が発見された。中心部には三間×三間の楼観《ろうかん》が屹立《きつりつ》していた。円形に配置されていたため、祭殿群と目されている。

また、独立棟持柱は伊勢神宮と共通だった。ここに神明造《しんめいづくり》のルーツが隠されていた可能性も指摘されている（宮本長二郎『瑞垣《みずがき》』神宮司庁）。

くどいようだが、弥生時代の日本を代表する伊勢遺跡は、ヤマト建国の直前に近江に誕生した、政治と祭祀《さいし》のための都市だったのである。

常識破りだった伊勢遺跡の発見は、これまでの邪馬台国論にも影響を及ぼそうとしている。円形の建物群が三十で、『魏志《ぎし》』倭人伝《わじんでん》に「倭国は三十の国に分かれている」という記述と符合するために、ここが倭国の中心（すなわち邪馬台国）ではないかと、考える学者も現れたのだ。纏向遺跡が出現する頃、伊勢遺跡は衰退するが、野洲川《やすがわ》流域に近畿と東海の銅鐸《どうたく》が集められ、一緒に埋納《まいのう》されている。これも興味深い現象だ。このため、古墳時代の開始直前に、各地の首長が伊勢遺跡に集まっていたのではないか、という推理が登場したわけである。

## なぜ、何もなかったヤマトに人が集まってきたのか

なぜ、近江が急速に発展していたのだろうか。それはすでに述べたように、丹波から文物が流れ込んだこと、近江と日本海沿岸地帯がつながっていたからだろう。

平成十四年（二〇〇二）、伊勢遺跡のすぐ近く、守山市の金森東《かねがもりひがし》遺跡の墓から、長短二

本の鉄剣が発見された。わざと曲げられ、刃を上にしてあった。このような例は、山陰、北陸、朝鮮半島で見られる習俗で、滋賀県では初めてであった。この遺物も、近江《おうみ》と日本海の絆《きずな》を示している。

さらに、伊勢遺跡で見つかった八棟の五角形住居も無視できない。弥生時代後期に、日本海沿岸部に多かった様式で、島根、鳥取、石川、富山県で見つかっている。伊勢遺跡に集まってきていた人たちの多様性を暗示している。

近江のみならず、ヤマトにも、日本海から文物が流れ込んでいたようだ。それを示すのが、東大寺山《とうだいじやま》古墳（奈良県天理市）から出土した「中平銘鉄刀《ちゅうへいめいてっとう》」だ。「中平」とは西暦一八四年で、その直前に倭国は争乱状態にあったと中国の歴史書はいう。いわゆる倭国大乱で、そのあと卑弥呼が共立され、混乱は一度収まるが、ちょうどその頃、中国と倭国の間に何かしらの交流があったことがわかる。

ここで注目すべきは、古墳の造られた場所が、のちに和爾《わに》（和邇、和珥）氏の勢力圏になる場所で、彼らは近江を地盤にした氏族だ。彼らはヤマトの王家に女人を送り込み、力を蓄えていった。石野博信は、この鉄刀が滋賀県経由でもたらされたのではないかと指摘している（『邪馬台国と古墳』学生社）。やはり、日本海↓近江↓ヤマトという道筋を通ってもたらされたのだろう。

伊勢遺跡が日本海と通じたことで発展したように、ヤマト建国の謎も、ここにヒントが隠されていたのだろうか。

ヤマト建国は不思議な事件で、それまで他地域を圧倒する力もなかったヤマトに、あっという間に多くの地域の人びとが集まり、いつの間にか、前方後円墳が完成し、その新しくて斬新《ざんしん》な埋葬文化が四世紀に日本各地に伝わり、ゆるやかな紐帯《ちゅうたい》の連合体が生まれたのである。

ヤマトよりも強く富んだ地域は、いくつもあったのだ。たとえば北部九州は弥生時代を通じて常に最先端を走り、出雲や吉備は、弥生時代後期に急速に発展していた。それに対し、鉄器の保有量という視点から見ても、ヤマトはむしろ過疎《かそ》地帯で、北部九州や出雲、吉備にはかなわなかったのだ。だからといって、北部九州の強い王が東に向かって征服戦を仕掛けたわけでもない。なぜ、何もなかったヤマトに突然、纏向遺跡が現れ、国の中心ができあがったのか、大きな謎なのだ。

## 尾張氏は天皇家と物部氏のどちらの親族なのか

謎めくヤマト建国。

『日本書紀』は、饒速日命《にぎはやひのみこと》がまずヤマトに君臨していたという。そこに南部九州から神武《じんむ》天皇がやってきて、饒速日命は神武のヤマト入りに抵抗する身内の長髄彦《ながすねびこ》を殺してまで、神武に王権を禅譲《ぜんじょう》したという。一方、考古学は強い王の出現を否定しているし、九州の文物は、ほとんどヤマトにやって来ていないという。こうして比べてみると、『日本書紀』の記事と考古学の指摘は、ぴったりと合致していない。そういうこともあって、「やはり『日本書紀』はヤマト建国を何もわかっていない」という。しかし、「知らないふり」をして、「真相をこっそり消し去った」のではあるまいか。

極端なことをいうようだが、古代史の謎がこれまで解けなかった最大の理由は、尾張氏を侮《あなど》っていたからではないかと思えてならない。たとえば、なぜ天皇家の三種の神器《じんぎ》の一つ、草薙剣《くさなぎのつるぎ》が尾張の熱田神宮《あつたじんぐう》（愛知県名古屋市）に祀《まつ》られているのか、これは不気味な謎なのである。

ヤマトタケルが置いていったというのなら、ヤマトが取り戻せばよかったのに、なぜそのままにしておいたのだろうか。

尾張氏がわかれば東がわかり、東がわかればヤマトがわかるはずである。

ここで、改めて注目しておきたいのは、東側の「尾張」、「ビッグバンを起こした尾張」だ。この一族の正体を追えば、ヤマト建国の真相も明らかになるのではあるまいか。

ただし、ヤマト建国と「尾張」を絡めてみる前に確認しておきたいのは、「尾張氏」の立ち位置のことである。

『日本書紀』神代下《かみよのしものまき》第九段本文に、尾張氏の祖神の話が出てくる。天津彦彦火瓊瓊杵尊《あまつひこひこほのににぎのみこと》（正哉吾勝勝速日天忍穂耳尊《まささかあかつかちはやひあめのおしほみみのみこと》の子。天照大神《あまてらすおおみかみ》の孫）が南部九州に降臨した時、大山祇神《おおやまつみのかみ》の娘を娶《めと》って産まれた子が、火闌降命《ほのすそりのみこと》（隼人《はやと》の祖）、彦火火出見尊《ひこほほでみのみこと》（天皇家の祖）、火明命《ほあかりのみこと》で、末っ子の火明命が、尾張連の祖だとある。ただし、『日本書紀』は別伝を用意していた。同段一書第六には、火明命は天津彦彦火瓊瓊杵尊の子ではなく兄だといい、天火明命《あまのほあかりのみこと》の名で登場する。一書第八も「兄説」で、天照国照彦《あまてるくにてるひこ》天火明命の名を挙げて、尾張連《むらじ》の祖といっている。いずれにせよ、尾張氏は天皇家と遠い親族だったと言っている。

ところが、ここで不思議なことが起こる。物部系の『先代旧事本紀《せんだいくじほんぎ》』には、正哉吾勝勝速日天忍穂耳尊の子が天照国照彦天火明櫛玉饒速日尊《あまてるくにてるひこあまのほあかりくしたまにぎはやひのみこと》で、その末裔が物部氏と尾張氏だという。ここに、大きな謎が残された。

なぜ、王家の歴史書『日本書紀』は、「尾張氏は王家の親族」と述べ、物部系の『先代旧事本紀』は、「尾張氏はわれわれの親族」と主張したのだろう。どちらかが間違っていることになるが、少なくとも尾張氏の祖が、ヤマト建国の中心に立っていた名門氏族だった可能性は高くなる一方だ。

## ヤマト建国の歴史から消し去られた「東」

そこで神話の世界に足を踏み入れると、興味深い事実が浮かび上がってくる。

出雲の国譲り神話の中で、天穂日命《あまのほひのみこと》ら、天上界(高天原《たかまのはら》)から遣わされた神々は、みな出雲に同化してしまい、復命してこなかった。そこで最後の切り札に遣わされたのが、経《ふ》津主神《つぬしのかみ》と武甕雷神《たけみかづちのかみ》だ。もちろん、二柱の神々の活躍によって、大己貴神《おおあなむちのかみ》(大国主神)は国を譲ったが、経津主神と武甕雷神は物部系と尾張系と考えられている。出雲の国譲りに物部と尾張が大活躍していたという話は無視できないし、おそらく何かしらの史実が隠されているのだろう。

出雲の西隣の石見国《いわみ》(島根県西部)の大田市に物部神社が鎮座し、次のような伝承が残されている。

ヤマト建国ののち、饒速日命の子の宇摩志麻治命《うましまじのみこと》(物部氏の祖)と尾張氏の祖の天香語山命《あまのかぐやまのみこと》(天香山命《あまのかぐやまのみこと》)は新潟に進出し、拠点を構え、天香語山命はそこに留まり、さらに宇摩志麻治命は石見に舞い下り、ここに拠点を構えたという。出雲を監視するためだったようだ。

史学者はこの説話に興味を示さないが、考古学という視点を加えると、無視できなくなる。というのも、ヤマト建国直前、出雲には四隅突出型墳丘墓《よすみとっしゅつがたふんきゅうぼ》という独自の埋葬文化が生まれていて、これが越《こし》(北陸)に伝播していた。日本海連合が出雲主導で生まれつつあったのだ。宇摩志麻治命と天香語山命の「陣取り合戦」は、まさに「四隅突出型墳丘墓分布圏=出雲日本海同盟」を包囲するような形だったことがわかる。とすれば、物部氏と尾張氏の祖の行動は理にかなっていたことがわかるし、物証と伝承がうまく合致していたことがわかる。

それだけではない。出雲は纏向遺跡にも影響力を及ぼしていたが、その直後に没落していたことがわかっている。とすれば、ヤマト建国直後の主導権争いの中で、物部氏（吉備）と尾張氏（濃尾）の二つの地域が手を組み、他の勢力を追い落としていた可能性が高くなってくる。

さらに謎めくことがある。『日本書紀』のヤマト建国の中で、物部氏の祖はかろうじて名を載せてもらったが、出身地は秘匿《ひとく》された。また、尾張氏の活躍は、まったく抹消されていたことになる。すなわち、ヤマト建国でもっとも大事な場所に立っていた者たちの正体が、はっきりと描かれなかったことになる。特に、「東の尾張」は、無視されてしまったわけである。ここに大きな謎が隠されている。

尾張氏の場合、神話の中で武甕雷神が影法師となって活躍していたに過ぎない。これはなぜだろう。

## なぜ、奈良盆地の東南に最初の都が生まれたのか

ヤマト建国の謎に、纏向遺跡がある。

一般に纏向遺跡はヤマト土着の勢力が中心となり、西側から有力名首長たちが集まって

▲ヤマト揺籃《ようらん》の地であった纏向遺跡

きて誕生したと考えられている。しかし、すでに触れたように、外来系の土器の中で、東海地方のものが半数近くにのぼっていた。

そして、ここで注目しておきたいのは、纏向遺跡の築かれた場所だ。なぜ、奈良盆地の東南のへりなのだろうか。

ちなみに、物部氏が河内に拠点を築いたのは、瀬戸内海の流通をおさえたいという気持ちもあっただろうが、もう一つ重要だったのは、ヤマト建国後の主導権争いが続く中、故国（吉備だろう）の応援を期待できる場所、そして、いざとなれば、故郷に逃げられる場所だったからだろう。

そこで、纏向遺跡の地勢を考えてみよう。

奈良盆地の東南のへりで、太古の奈良盆地は南東から西北に向けてなだらかに傾斜し、西北部が湿地帯だった。だからこそ、一等地の東南部を選んだということになりそうだが、それならば、葛城山《かつらぎ》の麓《ふもと》でもよかったわけで、なぜ、纏向でなければならなかったのか、謎が残る。

物部氏同様、ヤマト建国前後の混乱の中で、政権の中枢に立つ人びとも、「できれば安全な場所がいい」と考えたはずで、「西側が主導権を握っていた」のなら、はたして纏向の地を選んだだろうかと、つい首をひねりたくなるのである。

## 北部九州が東に鉄を流さなかった理由

縄文時代からすでに東国と奈良盆地を結ぶ陸路、交流の道はできあがっていて、三重県の伊勢方面側から初瀬川《はつせがわ》の脇《わき》を抜けて、奈良盆地に出てきたのだ。最古の市が海柘榴市《つばいち》（桜井市）だったのは、おそらく東と西の交流の接点だったからだろう。その海柘榴市のすぐ北隣に、纏向は位置する。そう考えると、東西の接点に都を築いたということになりそうだ。しかしそれにしても、纏向は東側に偏《かたよ》りすぎている。纏向に最初に拠点を造ったのは、東側の勢力ではないかと思えてくる。

ヤマト建国最大の謎は、倭国大乱の後、なぜ多くの首長が集まり、一気に平和な時代が到来したのか、ということだ。そしてそれがなぜ、ヤマトでなければならなかったのかということである。

答えは簡単なことだと思う。争乱の時代だったからこそ、ヤマトが重要だったのだ。

奈良盆地は天然の要害で、西側からの攻撃にすこぶる強い。ひとたびヤマトに巨大な勢力が登場すれば、西側はただただひれ伏すほかはない。北部九州はしばらく鉄を独占していたが、なかなか東に手放さなかったのは、「ヤマトの勃興」を恐れたからだろう。他の拙著の中で述べてきたように、北部九州は東側の勢力に攻められれば、持ちこたえられなかった。筑紫《つくし》平野の東方に、日田《ひた》盆地というアキレス腱《けん》を抱えていたからだ。東側の勢力にここを奪われれば、北部九州は陸と海から挟み撃ちにあうし、日田奪還も難しかった。奈良盆地同様、日田盆地も西側からの攻撃に強かったのだ。

日田盆地の北側の高台に纏向時代とほぼ並行して環壕（環濠の可能性も）集落が造られた。これが小迫辻原《おざこつじばる》遺跡だ。ここに山陰と畿内系の土器が集まっていて、それはなぜかといえば、ヤマトの纏向の勢力が北部九州を牽制するためだろう。

こうして見てくれれば、「ヤマトは西側が造った」というこれまでの常識は覆《くつがえ》されてくる。

そして纏向遺跡が奈良盆地の東南の隅に作られた意味は、決して小さくないと思えてくるのである。

## 歴史時代に入っても抹殺された尾張

ヤマト建国の歴史から、「東国」は消し去られている……。

歴史時代に入っても、なぜか「東」は冷遇されていく。その証拠に、「尾張」は大きな活躍をしていたにもかかわらず、無視され抹殺されている。たとえばそれが壬申《じんしん》の乱（六七二年）の尾張大隅《おわりのおおすみ》の活躍だ。

壬申の乱は、天智《てんぢ》天皇崩御ののち、弟の大海人皇子《おおあまのみこ》が天智の子の大友皇子《おおとものみこ》と雌雄《しゆう》を決した争乱で、なぜか、勝てるはずのない大海人皇子が大勝利を収めている。

わずかな手勢を引き連れて吉野から東に逃れた大海人皇子をまっ先に出迎えたのは尾張大隅で、自宅を掃《は》き清めて行宮《あんぐう》（仮の宮）とし、軍資を提供していた。

いまだ乱の趨勢《すうせい》は定まっていない。近江朝にほとんど裸一貫で立ち向かう大海人皇子に肩入れすることは、大きな賭けであった。その点、尾張大隅こそ、大海人皇子勝利の立役者であった。大海人皇子はこのあと、東国の軍団を率いて、近江の大津宮を圧倒してしまう。そして勝利した大海人皇子は、飛鳥に都を遷《うつ》し、即位する。これが天武《てんむ》天皇である。おそらく、尾張氏がお膳立てして、東国に加勢を呼びかけたにちがいない。

ところが、この事実を『日本書紀』がまったく無視して記録していない。「この功績は実に重大だ」と評価しているのは、『日本書紀』の次に記された正史『続日本紀《しょくにほんぎ》』の記事なのだ。ここに大きな謎が隠されている。

天武天皇と尾張氏の関係は、決して小さくない。『日本書紀』朱鳥《あかみとり》元年（六八六）九月条に、天武天皇崩御後の殯宮《もがりのみや》で、誄《しのびごと》が奉《たてまつ》られたという記事があって、そこで最初に大海宿禰蒭蒲《おおあまのすくねのあらかま》が壬生《みぶ》の事の誄を奉ったとある。「壬生」とは養育係のことを指していて、大海人皇子の乳母《めのと》は凡海《おおあま》（大海）氏で、「大海氏に養育されたから大海人皇子」の名がつけられたと考えられている。そしてこの「大海氏」は、尾張氏同族と考えられている。これだけ近しい間柄なのに、なぜ『日本書紀』は壬申の乱の尾張氏の活躍を歴史から消し去ってしまったのだろうか。

ちなみに通説は、『日本書紀』は天武天皇の正統性と正当性を証明するために記されたと信じている。甥《おい》殺し（大友皇子）の正義を証明したかったというのだ。実際、天武天皇に関して、特別に二巻にわたって記録が続く。しかし、ここに古代史解明の落とし穴が隠されている。

『日本書紀』は編纂時の権力者にとって都合のよい文書なのであって、藤原不比等は壬申の乱で反大海人皇子派にまわり、天武朝で干されたままだったことに留意する必要がある。『日本書紀』が天武天皇のための文書と信じ込むのは、藤原不比等の仕掛けたワナから抜け出せない証拠である。

そして、やはりここでも、三関の東側が歴史から不当な評価を受けていたことがわかる。ここに、大きな謎が横たわるのだ。

## 巨大古墳群を造った「東」

これまで、「古代の東に、目立つ遺跡はない」と信じられてきた。特に、関西の考古学者は、「東の古代史」を鼻で笑っていたものだ。しかし、しだいに「東の意外な実力」が、見直されつつある。

たとえば、四世紀後半から五世紀初頭にかけての各地の代表的な前方後円墳を掲《かか》げると、次のようになる。奈良県の渋谷向山《しぶたにむかいやま》古墳は三一〇メートル、岡山県（吉備）の神宮寺山《じんぐうじやま》古墳は一五〇メートル、この二つは西側のものだ。これに対して、東も負けていない。山梨県の銚子塚《ちょうしづか》古墳は一六七メートル、群馬県の浅間山《せんげんやま》古墳は一七三メートル、宝泉茶臼山《ほうせんちゃうすやま》古墳は一六五メートル、そして、東北にも宮城県の雷神山《らいじんやま》古墳があって、墳長は一八六メートルと、吉備の前方後円墳よりも大きい。ちなみに、吉備は五世紀半ばにヤマトの大王とほぼ同等の巨大な前方後円墳を造営するようになる。また関東でも、畿内を除く日本列島で、もっとも大きな前方後円墳を造営する地域に変貌していく。

「東」は侮れない。七世紀半ばには東京都府中市に、みごとな規格性が高い上円下方墳《じょうえんかほうふん》（熊野神社古墳。下段が方形、上段が円形）が出現する。今のところ全国で五例しか発見されていない。その中でも、最古の上円下方墳だ。しかも、奈良県奈良市神功《じんぐう》の「石のカラト古墳」とよく似ている。副葬品もみごとで、国内外にただひとつの「七曜文鉄地銀象嵌鞘《しちようもんてつじぎんぞうがんさや》尻金具《じりかなぐ》」も見つかっている。

明日香《あすか》の蘇我馬子《そがのうまこ》の墓とされる石舞台も上円下方墳ではないかと疑われていて、天智天皇の墓は間違いなく上円下方墳なのだから、地方の有力者の墓であったことは間違いなく、武蔵を代表する人物であろう。熊野神社古墳を発掘した府中教育委員会の江口桂《えぐちかつら》は、被葬者は中央とつながった「多摩の大王」と呼んでいる（『東京の古墳を考える』坂詰秀一監修　品川区立品川歴史館編　雄山閣）。当時最先端の埋葬形式を採用していたのだから、当然のことだ。

関西の考古学者は実際にこれらの古墳を実見すると、腰を抜かすらしい。現地にきてみて、東の実力にようやく気づくのだ。

それにしても、なぜ「東」は侮られ続けてきたのだろうか。

## 東と天皇家は強くつながっていた？

かつて、東国がヤマトに征服された、とする説が有力視されていた。たとえば井上光貞《みつさだ》は、東国の首長たちは、みなヤマトに隷属し、逆に王家は東国に依存していたというのである（『日本古代史の諸問題』思索社）。

古代の軍隊が豪族たちの私兵によって構成されていたのに対し、天皇を警護する舎人《とねり》や、身辺に従事する膳部ら天皇の私兵は国造《くにのみやつこ》の子弟から構成されていた（国造から貢進《こうしん》された）。ただし、全国の国造ではなく、主に東国の国造だったこと、皇族の名を冠した名代《なしろ》や子代《こしろ》（直属民）が東国に分布していることから、井上光貞は大化改新《たいかのかいしん》前代の天皇家の軍事的、経済的基盤は東国にあったと指摘したのである。

たとえば、皇極《こうぎょく》二年（六四三）十一月の上宮王家《じょうぐうおうけ》滅亡事件が、王家と東国の関係を示しているとする。蘇我入鹿《いるか》が聖徳太子の子・山背大兄王《やましろのおおえのみこ》の一族を斑鳩《いかるが》で襲うと、山背大兄王はいったん生駒山に逃れた。ここで進言する者があった。

「深草屯倉《ふかくさのみやけ》（京都府南部）に移り、そこから馬に乗って東国に向かい、乳部《みぶべ》（皇子女《おうじじょ》の出産、養育用にあてがわれた経済的基盤となる部）を拠点に兵を起こし、ヤマトに戻ってくれば、必ず勝てるでしょう」

というのだ。結局、山背大兄王は「民を煩《わずら》わせたくない」という理由で、一族滅亡の道を選ぶ。

壬申の乱で大海人皇子が東国に逃げて勝利したのも、律令制度完成後、九州の防備に東海・東山道《とうさんどう》といった東国の兵士が動員されたことも、ヤマトの王家が「倭《やまと》の六県」と東国を直轄地として支配していたからだろうと指摘している。これは、東国の文化レベルが西日本と比較して、低かったことに起因すると考えたのだ。

網野善彦は、このような考えに批判的立場をとっている。『東と西の語る日本の歴史』（講談社学術文庫）の中で、民俗学者の立場から、次のように述べる。

東国を西国の先進性と対比して後進地域とする見方は、この古代史の視角に端を発して、中世史、近世史においても広く影響を及ぼし、日本史をとらえる場合の一つの観点となっているといってもよかろうが、それはあまりにも律令《りつりょう》貴族の見方に影響された見方であり、また、水稲耕作《すいとうこうさく》に日本人の生活の基礎のすべてを求める視点に偏《へん》しているのではないか。

まさに、正鵠《せいこく》を射《い》ている。「東」に対する視点は、変わりつつあるのだ。

## 関東は独立していた？

井上光貞の主張とは反対に、ヤマトに征服されたのではなく関東は独立していた、とする説がある。石井良助は『大化改新と鎌倉幕府の成立』（創文社）の中で、大化以前の東国には、独立君主国が存在していたという。上代においては、一人の大王（天皇）に「ひつぎのみこ」が複数存在することがあって、これは国土を分割相続する慣習があったからだろうというのだ。そして、「火継《ひつ》ぎの御子《みこ》」は、父の継承した火を分けて相続したといい、豊城命《とよきのみこと》に東国の統治を委《ゆだ》ねたという話も、この分割相続にちがいないという。

その毛野国《けぬこく》を中心とする氏族連合が成立し、ヤマト朝廷に対立し得たのは、

おそらくは、その武力において、大和朝廷にまさったがゆえであり、そして、その武力においてまさったのは、東国人が勇猛だったたにもよるのであろうが、のちには、おそらくは東国において、良馬を産し、戦闘能力が強大であったことに基づくのであろう（前掲書）

と推理している。

また「毛野国」は、『魏志』倭人伝に登場する「狗奴国《くぬこく》」に他ならないと推理した。『魏志』倭人伝によれば、狗奴国は倭国と争い、そのころ卑弥呼は亡くなったとある。狗奴国は倭国の南側に存在したと『魏志』倭人伝はいうが、邪馬台国畿内説は『魏志』倭人伝の「邪馬台国は北部九州沿岸部から南に行ったところにある」の「南」は「東」の誤りとみなすから（そう考えなければ、邪馬台国は畿内になりえない）、倭国の南の狗奴国は、「ヤマトの東の毛野国」になると考える。

さらに石井良助は、大化改新によって、ヤマト朝廷は東国を併合したと推理した。大化元年（六四五）八月五日、朝廷は東国の国司を任命し、発遣《はっけん》している。ここで初めてヤマト政権の支配下に東国は入ったというのである。その証拠に、「あづまのくに（東国）」は、長い間一つの大きな塊《かたまり》とみなされていた可能性が高い。「東国」は、「筑紫《つくし》」、「吉備」、「越」と同じ地域政権の一つのようにみなされていた。

たとえば『日本書紀』天武四年（六七五）正月十七日条には、「この日、大倭国《おおやまとのくに》（奈良県）が珍しい鶏《にわとり》（瑞鶏《あやしきにはつとり》）を、東国が白い鷹《たか》、近江国（滋賀県）が白いトビを貢上《こうじょう》した」とある。大倭国や近江国と東国それぞれが、同じ一つの国、地域として扱われている。時代をさかのぼると、崇神《すじん》四十八年には、上毛野《かみつけぬ》氏の祖・豊城命に「東国」を治めさせた、とあり、景行五十六年には、御諸別王《みもろわけのみこ》の末裔《まつえい》は、今「東国」にいる、と記されている。

『日本書紀』や『続日本紀』には、「西国」の呼称が三つだけなのに対し、「東国」は三十例を超えている。「東国」は、「東の国々」でもない。「トウゴク」ではなく「アヅマの国」だったところも、無視できない。古い呼び名「アヅマ」を踏襲していることで、たとえば東北を「蝦夷《えぞ》」と呼んでいたような、近畿地方とは異質の別の地域という意識があったのだろう。

ちなみに、筆者は「邪馬台国の南は東のこと」とは考えず、「邪馬台国畿内説をとらないから、「邪馬台国の南は狗奴国」を「ヤマトの東は狗奴国＝毛野国」とは考えない。また、大化改新に至るまで、東国がヤマト政権から独立していたとも思えない。くどいようだが、関東は前方後円墳を受け入れ、畿内を除く日本列島でもっとも規模の大きな前方後円墳の密集地帯を織りなしていた。これは、ヤマトの政権の編み出した埋葬文化を共有することで、大王からつながる権威の傘を、この地域に張り巡らせる行為であった。関東は個性的で独自の文化を守りながら、一方でヤマト政権、ヤマトの王家にはむしろ協力的だったのではないかと思えるのである。

ならばなぜ、東国は特殊なのだろうか。

## 西の船、東の馬という軍事力の違い

ところで岸俊男は、東国の武力が防人《さきもり》として利用され、遠く大宰府《だざいふ》まで送り込まれた理由を次のように述べている。すなわち白村江《はくすきのえ》の戦い（六六三年）に動員されたのは主に西国の国造軍であったが、消耗が激しく壊滅的な打撃を受け、そこで律令制度が整った頃、勇健な東国人が重宝《ちょうほう》されたという。また八世紀以降、防人が廃止された最大の理由は、東国の軍事力が蝦夷征討にさし向けられたからだと考えた。そして東国の軍団は、常に「対《たい》蹠的《しょてき》な関係において取り上げられる」と指摘した（『日本古代政治史研究』塙書房）。

岸俊男も東国人が政権に従属的だったのは、東国の後進性ゆえと考えられてきたのだが、このようなかつての風潮に、網野善彦は異見を述べている。網野善彦は、「みなが考えているほど、東西日本の文化レベルの差はなかった」、「稲作中心史観に対する猛省《もうせい》を促《うなが》す」と主張しようとしている

網野善彦は東西日本の文化レベルや力の差ではなく、軍事力の性格の違いに注目したのだ。すなわち、西の海と船、東の弓と馬である。

西国の場合、長い歴史の中で大陸や朝鮮半島との交流によって発展してきた。だから西国の軍団は、水軍を中心として成り立っている。かたや東国の場合、縄文時代から継承された狩猟民としての弓の技術に、やがて騎馬の術が加わり、「弓馬《きゅうば》の道」が東国軍団の基幹になっていったと指摘した。

『続日本紀』神亀《じんき》元年（七二四）四月十四日、坂東九国の三万の兵士に「騎射《うまゆみ》」を習わせ、軍陣の練習をさせたとある。これは聖武《しょうむ》天皇の時代だが、蝦夷征討のための調練と思われ

る。

宝亀七年（七七六）五月二日、出羽国の賊が背《そむ》き、出羽国軍と戦った。官軍が劣勢だったので、下総《しもうさ》、下野《しもつけ》、常陸《ひたち》などの国の騎兵を徴発し、派遣したとある。このような例は、天平《てんぴょう》九年（七三七）四月、天平宝字《ほうじ》二年（七五八）十二月、宝亀十一年（七八〇）十月、延暦七年（七八八）三月にも見出すことができる。

関東の騎兵が強く、重用されたことは間違いない。

## 関東の二つの旧石器遺跡

関東はヤマトに征服されていたのだろうか。あるいは、独立国だったのか……。そしてなぜ、東国の軍団は強かったのだろうか。この謎を解くためにも、ここで、ヤマト建国と関東の考古学を検証してみよう。

関東には日本を代表する旧石器時代の遺跡が存在する。それが、岩宿《いわじゅく》遺跡（群馬県みどり市）と鈴木遺跡（東京都小平市）だ。

戦後すぐまで、日本に旧石器時代はなかったといわれてきたが、アマチュア考古学者・

相沢忠洋《あいざわただひろ》の執念で、この常識は覆《くつがえ》された。昭和二十一年（一九四六）、仕事帰りに岩宿の丘陵地帯を歩いていた相沢は、崖《がけ》の断層の赤土《あかつち》（関東ローム層。火山灰の風化土壌）から、石器を発見した。相沢は三年後にも、さらに完全な形の石器を見つけ、これらを旧石器とみなしたが、学界はなかなか同意しなかった。けれども、関東ローム層の研究が進化したことで、次第にかたくなな学界も認めざるを得なくなったのだ。

もう一つの鈴木遺跡は、石神井川の源流に人びとが集まってできた集落だ。三万年前から一万数千年前の後期旧石器時代と年代幅の広い貴重な遺跡で、さらにここから出現した旧石器に特殊な加工が施《ほどこ》されていて注目された。

「旧石器」は打製《だせい》石器で、縄文時代の「新石器」は磨製《ませい》石器の意味だ。磨製石器の登場で、木材をなぎ倒せる斧《おの》が登場し、飛躍的に生産性が上がったのだ。ところが鈴木遺跡の石斧《せきふ》の「局部」に磨きがかけられていたのである。

世界で初めて旧石器遺跡から「局部磨製石斧」が発見されたのだ。当時の最先端技術といっても過言ではない。これは考古学の大ニュースなのだが、ほとんど知られていないのが悲しい。

関東の歴史は旧石器、新石器（縄文時代）の繁栄をへて、弥生時代に突入した。かつての常識で考えれば、弥生時代の到来後、西から押し寄せた稲作文化の波は、あっという間に関東を呑み込み、「弥生人」に圧倒されてしまったということになる。しかし関東は、縄文的な文化をかたくなに守り続けていった地域でもあったのだ。

## 弥生時代に至っても縄文的だった関東

これまで、通説では縄文土器を捨て、弥生土器に移行したと信じられてきたが、実際には、縄文的な色彩を帯《お》びた弥生土器が、関東地方では使われていた。関東は縄文的な文化が強く残った地域なのだ。特に関東平野の北部、茨城県や栃木県の周辺には、独特な葬送様式が守られた。遺骸《いがい》を一度白骨化させてから、土器に入れて埋葬したのだ。これを再葬《さいそう》墓《ぼ》文化と呼んでいる。

歴史時代に至っても、関東北部に異質な文化が残っていたのは確かだ。しかし、それを野蛮とみなすのは偏見である。八世紀に朝廷の手で記された文書の歴史観、文明観から抜け出していないのだ。

『常陸国風土記《ひたちのくにのふどき》』茨城郡（現在の水戸市、笠間市の周辺）の段には、次のような記事が残されている。

古老がいうには、昔、国欟《くず》（先住民）の「山の佐伯」と「野の佐伯《さへき》」（「サヘ」は「遮塞」で、「サヘキ」は朝廷に抗《あらが》う者の意）がいた。みな土を掘り土窟《つちむろ》（穴）として住んだ。人が来れば窟《いわや》に隠れ、人が去ればまた出てきて遊ぶ。オオカミの「性」を持ち、フクロウの「情」を持ち、ネズミのように密かにうかがい、かすめ取る。呼び寄せて教え諭《さと》しなだめることなく、風俗は異なり、融和することがない。多臣《おおのおみ》の同族・黒坂命《くろさかのみこと》は、佐伯たちが外に出て遊んでいる時をうかがい、穴の中に「いばら（うばら、茨）」を仕込み、騎兵を放ち、追いやった。佐伯たちはいつも通り土窟にかえろうとしたが、みな「いばら」にかかり、死んだ。そこで、「いばら」が地名になった。ある人は、次のようにいう。山の佐伯、野の佐伯は、自ら族長となって衆を率い、国中を荒らし回った。掠奪して殺した。時に黒坂命は、賊を成敗しようと、「いばら」で城を造った。だから、「いばら」が地名になった……。

土着の民を敵視し、どこか人間扱いしていない。蔑《さげす》んでいる様子が見てとれる。これは、朝廷側の偏見にほかならない。

『常陸国風土記』は、常陸国守だった石川難波麻呂《いしかわのなにわまろ》の筆録《ひつろく》に後任の藤原宇合《うまかい》が筆を加えて完成したようだ。

八世紀の藤原氏は東北蝦夷征伐の本格化を目論んでいたから、『風土記』とほぼ同時に完成する『日本書紀』の中で、「東」の野蛮な様を喧伝《けんでん》したかったのだろう。おそらく『常陸国風土記』も、藤原宇合による東国支配、蝦夷征伐の正当化を訴える「プロパガンダ」として編まれたのだろう。

しかし、藤原氏は関東を侮っていなかった。恐ろしい力を持った地域と知っていたはずだ。たとえば、常陸国府は現在の茨城県石岡市に造られたが、市内には五世紀後半の舟塚山古墳があって、全長一八六メートルの規模を誇る。関東第二位の前方後円墳だ（第一位は群馬県太田市の太田天神山古墳）。南に霞ヶ浦《かすみがうら》を臨み見ることができる。ここは水運の拠点で、古代の霞ヶ浦は、さらに内陸部に通じる水郷地帯を形成していた。先述の『常陸国風土記』の「茨城郡」は、石岡市の北側の地域で、「国欒や佐伯が盤踞していた未開の地だった」という記事は遺跡の状況とは一致しない。

# 関東の弥生時代

縄文的な文化が色濃く残った関東だが、やがて稲作を受け入れていく。

関東の水田耕作の開始は、かつて考えられていた時期よりも早く、弥生前期〜中期前半だったことがわかってきた。

すでに述べてきたように、弥生時代の始まりは渡来人の圧倒的な征服戦ではなく、少数渡来、稲作文化の受け入れ、人口爆発という順を踏んでいた。ならば、関東の弥生時代は、どのように始まり、発展していったのだろうか。

まず、関東平野というと、ただのっぺりとした広大な平地が広がっていると思われがちだ。しかし、太古《たいこ》の関東は、広大な内海《うちうみ》と三つの台地から成り立っていた。東京の下町は当時海で、京浜東北線の西側の崖が海と陸の境界だった。上中里《かみなかざと》に縄文時代を代表する貝塚が見つかっているのは、目の前が海だったからである。海は埼玉県、栃木県の奥深くまで続いていた。栃木県の宇都宮市も近くまで海だったという。

台地は、相模湾・東京湾沿岸部から大宮大地に続く関東東南部。群馬県から埼玉県の四半分にかけての関東西北部、利根川下流域から北側の関東東部に分かれ、それぞれの文化圏、勢力圏を形成していた。また、これらの地域を利根川や荒川、那珂《なか》川、久慈《くじ》川の水運が結んでいた。古墳時代にこれら大河川の両岸に巨大古墳が造営されるのは、関東の「内陸に向かう水運」の重要性を物語っている。

ところで、関東の南部と北部では、稲作の受け入れの温度差があった。南部では弥生時代中期後半から後期にかけて、東海地方の西側の地域とつながっていく。ヤマト建国の直前になると、在地系の土器に混じって、庄内系《しょうないけい》の土器を埋納した大型墳丘墓が造られるようになった。北部では稲作の導入がやや遅れている。受け入れ後も縄文的なサイクルを捨てず、畑作にもこだわった。そして稲作繁忙期が終わると、他の食料を確保していたようだ。

## 関東はヤマトに征服されたのか

弥生時代の関東は、いくつもの勢力圏、文化圏に分かれていて、さまざまな様式の弥生土器が造られていた。また、二世紀に西日本が倭国大乱になり、その直後に纏向《まきむく》に多くの人々が集まり、混乱は収拾されていくが、関東北部ではそのあとから、防禦《ぼうぎょ》のための高地性集落が造られるようになった。具体的な戦闘の痕跡《こんせき》まで見つかっていないが、緊張した状況にあったことは間違いない。

ところが、ヤマト建国後の四世紀になると、関東の混乱にも終止符が打たれる。文化の「斉一化《せいいっか》」、「ヤマト化」が始まる。まず、北陸地方の文物が新潟県頸城《くびき》地方、長野県善光寺平《ぜんこうじだいら》を経由して関東北部に、東海地方の文物が関東南部に、そののち東海経由で畿内の文物が流れ込んだ。

また、相当数の入植者があったようで、こののち関東に大きな変化が起きている。関東地方の稲作は、谷の湧き水を利用した小さな水田が多く、畑作のほうが重視されていたぐらいだ。河川に手を加えるという灌漑《かんがい》の技術が未発達だったのだ。

ところが、ヤマト建国後の関東では、それまで手のつけられなかった場所で、稲作が始まっている。移植者は、先住の民の住む場所に押しかけたのではなく、自ら土地を開墾《かいこん》し、水を引き、農地を増やしていった。このため、関東の人口は増え、力を蓄えていくのである。

残された問題は、この関東に流れ込んだ人びとが、征服者だったかどうかだが、考古学的には、「征服説は考えにくい」ようだ。たとえば土器は、土着の様式と新来の様式が融合していった。これが、象徴的なのだ。

そこで気になってくるのが、古代関東の王者ともいうべき上毛野氏《かみつけぬ》だ。『日本書紀』に従えば、上毛野氏の祖は東国を征服しにいったのではなく、「東山道十五国の都督」に任命されたからだ。第十代崇神《すじん》天皇は、甲乙《こうおつ》つけがたい二人の御子《みこ》の一人に、東国の統治を委ねたというのである。

ここに、ヤマト建国後の関東の歴史を知るためのヒントが、隠されていないだろうか。

## 東はヤマトに恩を感じていた?

崇神四十八年春正月のことだ（崇神天皇は実在の初代王と考えれているから、おそらくヤマト建国直後のこと。三世紀後半から四世紀にかけての時代）。崇神天皇は、二人の御子、豊城命（豊城入彦命《とよきいりひこのみこと》）と活目尊《いくめのみこと》（後の垂仁《すいにん》天皇）のうちどちらを皇太子にするべきか迷い、夢占いをすることにした。

二人は体を浄め、床に入った。

兄・豊城命は御諸山《みもろやま》（三輪山《みわやま》）に登り、東に向かって八回槍を突き出し、八回刀を振り回した夢を見た。かたや弟の活目尊は御諸山に登り、縄を四方に張って、粟《あわ》を食べるスズメを追い払う夢であった。

これを聞いた崇神天皇は、弟の活目尊を皇太子に、兄の豊城命に東国の治政を委ねたのである。

この豊城命（豊城入彦命）が、上毛野氏の始祖であった。

ただし、豊城命は、東国に赴《おもむ》いていない。孫の彦狭嶋王《ひこさしまのみこ》が景行天皇の時代、東山道の十五国都督《とおあまりいつつのくにのかみ》に任命されたとある。もっとも、彦狭嶋王も東国には赴いていない。出立《しゅったつ》はしたが、春日野穴咋邑《かすがのあなくいのむら》（奈良県奈良市古市町付近か）で病没してしまい、遺骸だけ東国に向かった。東国の百姓《おおみたから》たちが、王の赴かないことを嘆き悲しみ、ひそかに屍《しかばね》を盗み、上毛野に持って行ったのだという。

こののち朝廷は、彦狭嶋王の子の御諸別王《みもろわけのみこ》を東国にさし向けた。するとこの王は、実際に東国に赴任し、善政を敷き、騒ぎ暴れる蝦夷を鎮圧した。こうして東国は、長い平和の時代に入っていったという。

天皇の末裔が東国支配に乗り出すのは、何代か遅れたということになるが、現実はどうだったのだろうか。四世紀中には、何かしらのアクションがあったのだろう。ヤマト建国後の関東は、急速に変化していたからだ。

関東の古墳時代は、移民の流入、棲み分けと共存の時代の始まりであるとともに、急速な発展と人口爆発を起こした。

上毛野氏の祖がいつ頃関東に入ったのか、定かではないが、移民政策は個人レベルの判断ではなかろう。東海地方やヤマトの強い意思が働き、仕掛けられたものと思われる。すなわち、上毛野氏をめぐる説話は、まったくの作り話ではないと思う。

関東が半独立状態にあったと考えられるほど、他地域とは異なる扱いを受けていたのは、弥生時代には後進地帯だった（稲作民の視点でいっている）関東が、ヤマト建国によって一気に成長したことと無縁ではあるまい。

東はヤマトに恩を感じヤマトの政権（諸地域豪族連合）ではなく、「ヤマトの王家」と強くつながっていた可能性が高い。すなわち、上毛野氏の祖が関東に向かう途中に病死して、関東の民が嘆き悲しんだという話、屍を持って行ってしまったという話も、関東とヤマトの王家の「親密ぶり」と「信頼関係」が根底にあって、こういう話が生まれてきたのにちがいないのである。

## 強いリーダーシップが求められた雄略《ゆうりゃく》天皇

天皇家と東国は、持ちつ持たれつだったのではないか……。それは五世紀後半の雄略天皇をみていて、そう思うのである。

雄略天皇といえば、『宋書《そうじょ》』倭国伝《わこくでん》に登場する倭の五王の最後の「武王」と同一人物として知られる。宋に爵位を求め、使持節都督倭新羅任那加羅秦韓慕韓六国諸軍事安東大将軍倭王《しじせつととくわしらぎみまなからしんかんぼかんろっこくしょぐんじあんとうだいしょうぐんわおう》の称号を獲得している。

この時、武王は宋に対し、次のように報告している。

「昔からわが祖先は、自ら甲冑《かっちゅう》を着込み、山野を越え、川を渡り、歩き回り、休む間もありませんでした。東方では毛人《えみし》の五十五カ国を征服し、西方では衆夷《しゅうい》の六十六カ国を服属させ、海を渡り、北の九十五ヵ国を平定しました」

この言葉は、倭国が宋から遠い場所にあって、宋の藩屏《はんぺい》になって「皇帝の徳を行き渡らせている」ことを、大げさに述べているものだ。けれども、実際の雄略天皇は東国と強い絆で結ばれていたように思えてならない。

まず、雄略天皇はクーデターによって玉座を手に入れている。詳細は省くが、兄の安康《あんこう》天皇暗殺の直後、身内の有力者とその支持者たちを次々と倒していった。また、即位後、吉備氏や葛城《かつらぎ》氏といった、ヤマトを動かしてきた豪族たちを追い込み、それまでの古い因習を捨て去ろうとした気配がある。

これは不思議なことなのだが、『日本書紀』や『古事記』だけではなく、多くの文書が雄略天皇を特別視している。『万葉集』の場合、雄略天皇の歌を巻頭に掲げ、さらに栞《しおり》のように節目節目に雄略天皇を登場させている。これは何を意味しているのだろうか。

どうやら雄略天皇は祭司王《さいしおう》から脱皮し、強い王、意志を持った中央政府の樹立を目論んでいたようなのだ。律令制度が完成するのは、八世紀初頭だが、すでに五世紀後半に改革への歩みは始まっていた。だからこそ「雄略天皇の時代に新しい時代が到来した」ことを『万葉集』は伝えたかったのだろう。

古代版・織田信長ともいうべき雄略天皇が、五世紀後半に出現したのは、必然であった。五世紀に盛んに朝鮮半島出兵をくり返し、豪族の寄せ集めの軍勢の弱点が露呈していたからだ。強いリーダーシップが求められるようになったのだろう。外交にしても、地域ごとにばらばらに朝鮮半島と交流を持っていた時期もある。これを雄略天皇は是正しようと考えたのだろう。ただし、問題は雄略天皇が不人気だったこと、誰が味方したのかわからないことなのである。

## 雄略天皇が頼ったのは辺境の民？

改革をしようとすれば、当然既得権益にしがみつこうとする者が現れる。改革をする者が、万民に好かれるとは限らない。『日本書紀』は、雄略天皇が「大だ悪《はなはあ》しくまします天皇《すめらみこと》なり」と罵《ののし》られていたと記録する。さらに、雄略天皇につき従う者はごくわずかで、渡来系の役人数名に過ぎなかったとある。

しかし、ブルドーザーのように旧習を改めようとしたのが雄略天皇なら、後押しする者がいなければおかしい。そこで注目されるのが、畿内から遠く離れた「辺境の人びと」なのである。

雄略天皇崩御《ほうぎょ》後の清寧《せいねい》元年冬十月、雄略天皇を御陵《ごりょう》に葬った時、近習《きんじゅう》の隼人《はやと》は、昼夜にわたって、陵のそばで泣き続けた。食事を与えても食わず、七日後に死んだ。役人は陵の北側に墓を造り、礼を尽くして隼人を葬ったとある。隼人とは、南部九州出身の人びとだ。

隼人は王の近くに侍《はべ》っていたらしい。履中《りちゅう》天皇即位前紀に、「近習の隼人有り」と記録されている。ただし、仕えていた王のあとを追って殉死したという話は雄略天皇が例外的なのだ。この絆の強さにヒントが隠されていよう。既得権益に安住していた中央豪族の力を削《そ》ぐために、雄略天皇は「周辺の力」を活用したのではあるまいか。

すでに触れたように、天皇家の祖神・天津彦彦火瓊瓊杵尊《あまつひこひこほのににぎのみこと》は、北部九州の地で大山祇神《おおやまつみのかみ》の娘と結ばれ、子が生まれたと『日本書紀』は言う。その中のひとりが隼人の祖・火闌降《ほのすそりの》命《みこと》（海幸彦《うみさちひこ》）だ。隼人は王家と遠い親戚という設定だが、だからといって、『日本書紀』は火闌降命を礼讃しているわけではない。微妙な立場にいたのだ。弟の彦火火出見尊《ひこほほでみのみこと》（山《やま》幸彦《さちひこ》で天皇家の祖）に意地悪をし、逆に彦火火出見尊に懲《こ》らしめられ、「これからのちは、あなたの俳優《わざおき》の民となりましょう」と服従した。この場面、火闌降命は天皇家と親族なのに悪役を演じている。これはどういうことだろうか。

『日本書紀』は南部九州の人びとをクマソと呼び、蔑《さげす》んだ。律令が整うと、隼人たちを「夷人雑類《いじんぞうるい》」に分類し、八世紀には隼人征討を断行してしまう。たまたま「天孫降臨の現場は南部九州だった」という神話の設定があるために、隼人は王家の血筋に入れられ、また逆に、都から遠く離れた僻地《へきち》に住む住民として、稲作と律令体制をなかなか受け入れない人びととして、野蛮人のレッテルを貼られてしまったのだろう。

ならばなぜ、雄略天皇にだけは献身的に尽くしたと、『日本書紀』は記録したのだろうか。

## ヤマトの王を後押しし、頼った「東」

倭王武《わおうぶ》は宋に対し、「われわれの王家は、周辺の野蛮人を征討してきた」と見栄をはったが、実際の雄略天皇は、「周辺の人びとに助けられた」に違いない。そこで注目されるのが東国だ。

関東は四世紀後半から五世紀にかけて、急速に発展している。ヤマトからもたらされた埋葬文化＝前方後円墳を受け入れ、いつの間にか、日本有数の巨大前方後円墳密集地帯へと変貌していったのだ。

関東は、ヤマト誕生の恩恵をもっとも受けた場所といっても過言ではなかった。だから、彦狭島王《ひこさしまのみこ》の死を東国の百姓《おおみたから》が嘆き悲しんだのだろう。王の遺骸が上野国《こうずけ》に持ち去られたという話も、「誇張」と斬り捨てることはできないのだ。

そして政権内部で孤立していた雄略天皇が、関東の武力を当てにしていたとすれば、多くの謎が解けてくる。「東国嫌い」の『日本書紀』が、この事実を抹殺していたとしても不思議ではないのだ。

そこで注目すべきは、稲荷山鉄剣銘なのだ。埼玉県行田《ぎょうだ》市の稲荷山古墳から出土した鉄剣に、銘文が刻まれていたのだ。

辛亥《しんがい》の年（西暦四七一年説が有力）の七月に造られたこと、乎獲居臣《をわけのおみ》の始祖・意富比垝《おおひこ》（大彦命《おおひこのみこと》か）以下の系譜が書かれ、乎獲居臣が八代目だったこと、先祖代々「杖刀人首《じょうとうじんのかしら》（親衛隊長）」となって王に仕えていたこと、獲加多支鹵大王《わかたけるおおきみ》が斯鬼宮《しきのみや》で天下を治めていた時、乎獲居臣《をわけのおみ》が左治《さち》していたこと（王の統治を助けていた）、この鉄剣を造り、一族が王家に仕えてきた根源を書き記したというのだ。この獲加多支鹵大王こそ、雄略天皇のことと考えられている。

問題は、乎獲居臣が東国の豪族で被葬者で中央に出仕し、王に仕えていたのか、あるいは畿内の有力豪族で、剣を地方の豪族に与えたのか、畿内から東国に遣《つかわ》された人物なのか、だ。

いくつもの仮説が提出されたが、東国の豪族説が一番有力視されている。やはり、雄略天皇の時代に、東国の軍事力が活用されていた可能性が高いのである。

こうして、古代史を覆《おお》う一つの事実に気づかされる。それはヤマト建国時を含め、古代の歴史が大きくうねり、変わる時、必ず東国が何かしらのきっかけを作っていた、という事実であり、逆に東はヤマトの王を頼り、後押ししていた、ということである。

ヤマト建国、雄略天皇の改革事業、そして壬申の乱……。国家の根幹が揺らぐ時、なぜか東国が影から影響を及ぼし、しかも『日本書紀』は東国の活躍を抹殺していたのである。

次章に登場する継体《けいたい》天皇も、東国からヤマトに入り、ヤマトに大きな変革をもたらしたが、その正体は、いまだに杳《よう》としてつかめない。継体天皇を後押ししていた人たちの活躍も抹殺されてしまった……。

ここに、ヤマトと東国、『日本書紀』と東国の、大きな謎が横たわっていたということを知るのである。

# 第二章

# 縄文《じょうもん》と弥生《やよい》、継体天皇《けいたいてんのう》とヤマトにみる東西事情

# 日本は渡来人に征服されたのか

「東」の謎を探るために、そもそも日本人とは何者なのかを知っておく必要があるが、ここで話を進める前に一つ大きな誤解を解いておきたい。

戦後の史学界は、戦前の皇国史観《こうこくしかん》に対する反動も手伝って、日本は朝鮮半島から渡来した人々の手で蹂躙《じゅうりん》されたと考えるようになった。すなわち、ヤマトの王も征服者だったというのである。

もっとも代表的な例は、江上波夫の騎馬民族日本征服説であろう。四世紀ごろ、満州から扶余《ふよ》系の人びとが朝鮮半島を南下して「辰王国《しんおうこく》」を立て、海を渡り北部九州に至り、さらに五世紀の初め、東征してヤマトを征服したというのだ。一世を風靡《ふうび》し、「日本は征服されていた」という考えは、なかば常識となった。

『日本書紀』が「天上界（高天原《たかまのはら》）から神が九州に舞い下りたという天孫降臨《てんそんこうりん》神話や、初代神武《じんむ》と第十五代応神《おうじん》天皇の場面で、二度の「東征」が記録されていることも、征服説を後押しした。

日本人に占める渡来系の血は、縄文系（先住民系）の二倍から三倍ではないかという試算もあって、渡来人に圧倒された日本人と考えることが、進歩的とする風潮さえ生まれた。そして、その延長線上に中国を頂点に、朝鮮半島↓北部九州↓ヤマト↓東国という、文化レベルの差という図式が編《あ》み出され、この「常識」に沿って古代史は語られてきたのだと思う。しかし、一方で考古学の発展によって、これまでの常識の多くは覆《くつがえ》されつつある。

まず騎馬民族日本征服説は、残された物証からは否定されている。五世紀の古墳に騎馬民族の影響を受けた副葬品が増えたことは確かかもしれないが、江上波夫のいうような「劇的な変化」ではない。

三世紀後半から四世紀にかけて、ヤマトの政権が成立した段階で、前方後円墳という埋葬文化を共有するゆるやかなつながりができあがり、これを古墳時代と呼んでいるが、前方後円墳体制は六世紀末から七世紀初頭まで継続している。もし仮に江上波夫のいう通り、朝鮮半島から征服者がやって来たのなら、前方後円墳を継承するはずはなく、真っ先に埋葬様式を変えていただろう。また、五世紀初頭に日本の王が独裁権力を握った様子はまったくない。どう考えても、騎馬民族日本征服説は成り立たないのである。

# 純粋な日本人はどこにもいなかった?

ヤマト建国も、すでに触れてきたように征服戦とは無縁だった。纏向《まきむく》遺跡にいくつもの地域の首長が集まってきて、権威ある祭司王を立て、埋葬文化（宗教観、宗教儀礼）を共有するゆるやかな紐帯《ちゅうたい》で結ばれたのだ。そしてこの政治体制が、日本各地で支持されていった。これは決して、強い王の独裁国家ではない。

八世紀初頭に、中国の隋《ずい》や唐《とう》で作られた強い皇帝のための律令制度が導入される。天皇を頂点とする中央集権国家が完成するが、それでも日本に移入された律令制度は、肝心なところが組み替えられていた。天皇に実権は握らせず、配下の太政官《だいじょうかん》が合議によって政局を運営し、天皇がこれを追認するという形式がとられた。これもヤマト建国来の伝統、合議を重視する政治体制が守られ、継承されたことを意味している。聖徳太子も憲法十七条の中で、有名な「和なるを以《もっ》て貴しとし」と語り、さらに「独断はいけない」と諭《さと》している。

そもそもヤマトの王は、建国当時から城を持たなかった。むしろ弥生時代に、各地に防御性の高い環濠（環壕）集落が造られていた。ところが、纏向遺跡には周濠そのものがなく、それ以後、天皇は防衛本能を失ったかのような宮に住み続けた。藤原京、平城京、平安京にも、天皇を守る城壁は造られていない。ヤマトの王が征服者でなかった何よりの証である。

そうはいっても、天皇家の祖をたどっていくと、朝鮮半島系の渡来人につながっているはずという「漠然とした共通認識」は、いまだに世間一般から消えていないように思えてならない。

この考えは、「純粋な日本人など、どこにもいなかったのではないか」という発想と似ているのかもしれない。

また、かつて教科書に載っていた「小さな縄文人と大きな弥生人」の人骨標本の写真を見て、「縄文人は弥生時代の到来とともに、弥生人と入れ替わった」と、信じ込んでしまったことも、大きな原因かもしれない。朝鮮半島から押し寄せた「高い文明を携《たずさ》えた人たち」に、先住の民は屈服したと信じているのだ。

しかし、近年ＤＮＡの分析が進み、興味深いデータが揃ってきている。日本人の特徴は、「多様性を秘めている」こと、その一方で、「個性的でもある」ことなのだ。そして、土着の縄文人を渡来系の弥生人が圧倒していったというこれまでの常識も、徐々に塗《ぬ》り替えられようとしている。どういうことか、以下説明していこう。日本人の正体について、考えておきたい。

そのために、どうしても「日本人はどこからやって来たのか」という、基礎の基礎を知る必要がある。そのために、人類の起源から解き明かしていかなければならない。

## 人類（新人）はアフリカの一人の女性から生まれた

かつては出土した人骨などを頼りに、日本人はどこからやって来たのか、議論されてきたが、ＤＮＡの研究によって、人類の起源そのものがしだいに明らかになってきて、日本人のルーツが、かなり正確にたどれるようになった。

昭和六十二年（一九八七）、アメリカのレベッカ・キャンらは、ミトコンドリアＤＮＡ（母から子に母系遺伝する）の分析によって、人類（ホモサピエンス＝新人）の起源は、二〇万年前のアフリカの一人の女性にいき着くと発表した。いわゆる「イブ仮説」が、ここに誕生したのだ。

不思議なことに、アフリカ人は遺伝的変異に富み、古くから多くの人種が生まれる地域だったのだ。そして新人は、長い間アフリカに暮らしたあと、七万～八万年前、世界中に出ていったという。最初に飛び出した人たちは、たったの一五〇人程度ではないかと推定されている。

もちろん、この仮説はすぐに認められたわけではなく、反論も出た。世界に散らばっていた旧人たちと新人は交わらなかったのか、という素朴な疑問だ。しかし、研究が進むと、新たな事実も明らかになってきた。すなわち、旧人と新人は、四万年前まで共存していたが、血は混じっていなかったことがわかってきたのだ（一部の例外はあったらしいが）。人類は各地に分布していた旧人からそれぞれ進化したのではなく、やはりアフリカの一人の女性から産まれて、各地に散らばっていったわけである。

ちなみに、ミトコンドリアＤＮＡの全塩基配列を用いた人類の系統図がすでにできあがっていて、人類は大きく分けて四つのグループに分かれていたこともわかった。そのうち、三つはアフリカ人で、残りの一つに白人（ヨーロッパ人）と黄色人種（アジア人）が含まれていた。

## 日本人はどこからやって来たのか

それではわれわれ日本人の先祖は、どのようなルートを辿ってきたのだろうか。

まず、ミトコンドリアDNAは変異が多く、いつ先祖が突然変異したのかわかりにくい。そこで、数万年に一回の割合で突然変異を起こす部分（ハプログループ）を選び出し、「ハプログループの分類わけ」によって、人類が拡散していった様子を再現できるようになったのだ。

アフリカを出た最初のグループは、南アジアを通り、氷河期の海面低下によって姿を現したスンダランド（東南アジア）を経由して、オーストラリアにたどり着いている。東アジアはこれとは別のグループで、東南アジア経由とバイカル湖経由の二つのグループがあったが、こちらは複雑なハプログループを形成していた。

朝鮮半島とアジアにはあまり例のないグループはM7aとN9bで、沖縄と北海道に偏在していた。縄文時代から今に続く系統だ。そしてこののち、多種多様な人びとが日本列島に流れ込んでくる。日本人のミトコンドリアDNAの特殊性の一つは、「多様性」に求められるのである。

ところで、人の正確な拡散を追い求めるには、女系のミトコンドリアＤＮＡの系統図だけではなく、父系遺伝するＹ染色体の系統も調べる必要がある。不思議なことに、ミトコンドリアＤＮＡの頻度は、朝鮮半島、中国東北部と日本ではよく似ているが、Ｙ染色体の場合、様子が異なるという。

Ｙ染色体のハプログループの中で、「Ｄ２」が、日本人男性の三〇～四〇パーセントを占めるが、これだけ高い頻度で「Ｄ２」が集まっている場所は、日本とチベット以外、世界中を見渡しても、どこにも存在しない。しかも、日本列島の東側に偏在している。かれらは縄文時代から日本に住み始めた人たちで、中国の漢民族に圧迫されて日本列島にやって来たようだ。

そして、ここに日本人の特異な地位が見てとれるのだ。われわれは中国や朝鮮半島の人たちと似ているが、だからといって、そっくりではない。それはハプログループ「Ｄ２」の差があるからなのだ。

## 水田稲作を縄文人が選択していた？

騎馬民族のみならず、それ以前に多くの渡来人が日本にやってきたと、われわれは教わってきた。弥生時代の始まりとともに稲作を携《たずさ》えた人びとが海を渡ってきて、一気に日本列島を東に向かっていったというのである。

しかし、このような発想も、すでに時代遅れになりつつある。

まず、炭素14年代法によって、弥生時代の始まりがこれまでの常識をはるかに越え、数百年さかのぼる可能性が高くなったのである。大昔の教科書では紀元前三百年頃が弥生時代の始まりと教えてきたが、それが紀元前六〜五世紀となり、最先端の年代観では紀元前十世紀まで迫る勢いなのだ。

この結果、「北部九州に伝播《でんぱ》した稲作文化は、あっという間に東に伝播した」ということれまでの説明は不可能となり、「稲作文化は、意外とゆっくりしたスピードで染《し》み込むように東に広がっていった」と考えなければならなくなったのだ。

それだけではない。縄文時代と弥生時代の境目が、よくわからなくなってきている。

縄文時代は新石器時代で、しかも縄文土器を造っていた。弥生時代は金属器の時代で、弥生土器を造っていた……。これが教科書的な定義かもしれないが、縄文時代の終わり頃には弥生土器のような縄文土器が現れ、弥生時代が始まっても、縄文土器の影響を受けた弥生土器は造られ続けた。また、日本列島が画一的に一斉に稲作を受け入れたわけでもない。時間差の幅が大きいのだ。

また、稲作を最初に受け入れた北部九州の沿岸地帯では、朝鮮半島から移入された甕棺《かめかん》墓《ぼ》が盛行したが、埋葬されている人骨の中に、「どう見ても縄文人だろう」という例が見られたのだ。

縄文時代、西日本ではすでに焼畑農耕が広まっていて、陸稲も作っていた（彼らを園耕民と呼ぶ）。彼らは微高地に住んでいたが、この基礎のうえに水田稲作が流れ込み、縄文人が稲作を選択した可能性が高まってきている。河川の下流域にまず渡来人がコロニーを形成し、微高地の園耕民と棲み分けを果たし、先住の園耕民たちもしだいに水田稲作を選択し、棲み分け状態もしだいに解消され、やがて血の交流を重ねていったようなのだ。

要は、渡来した人たちが圧倒的なパワーで先住民（園耕民）を圧倒し、強圧的に稲作を押しつけていったわけではなく、また園耕民から土地を奪う形で稲作を一気に東に向けて広めていったわけではないのだ。

金関恕《かなせきひろし》は『弥生文化の成立』（角川選書）の中で、縄文人たちは新しい生活をするにあたり、「必要な文化要素を選択的に採用した」と指摘し、水田稲作の広がりも、「在地の縄文人が主体的に受容した」と述べている。もはや、「渡来人による征服劇」などという発想は、考古学によって覆《くつがえ》ってしまったのだ。知らぬ間に、常識は通用しなくなっていたのである。

## 少数渡来で人口爆発という仮説

その一方で、現代人の体の中には、多くの渡来系の血が流れているのも事実だ。これをどう考えればよいのだろうか。

かつて、弥生時代の到来とともに、大量の渡来人が日本列島に流入したと考えられていた。小山修三の試算によれば、弥生時代の到来時、日本列島の人口は十万人足らずだったが、七世紀には五百四十万人に達していたという（『縄文時代』中公新書）。弥生時代は数百年と信じられていたから、この間に百万人規模の渡来があったと推理されてきた。しか

## これまでの通説と解き明かされた真実

### ① 日本は渡来人に征服された？

**騎馬民族日本征服説**

天孫降臨神話　二度の東征

…………否定！

↓

［古墳時代の「前方後円墳」（埋葬様式）の継承］

**小さな縄文人が大きな弥生人にとって代わられた？**

縄文人▶先住民　弥生人▶渡来人

…………否定！

↓

［近年のDNA分析］

朝鮮半島とアジアにあまり例のない、縄文時代から今に続く系統

▶ハプログループ「D2」の差

### ② 弥生時代の始まりとともに、稲作を携えた人びとが大量に海を渡ってきて、一気に日本列島を東に向かっていった？

**弥生時代の始まりは紀元前三百年頃**

↓

［紀元前十世紀の可能性も？］～炭素14年代法

▶縄文時代と弥生時代の境目が不明確に

**大量の渡来人によって人口が飛躍的に増えた**

↓

［少数渡来でも人口爆発？］

▶0・1％の人口比で2・9％の人口増加が可能

し、しだいにこの考えは修正を加えられるようになってきた。

中橋孝博は遺跡から出土した甕棺の数の推移をもとに、弥生時代の人口増加率をシミュレーションしている(『倭人への道』吉川弘文館)。その結果、渡来系住民が人口比一〇パーセントとおおよその見当をつけ、一・三パーセントの人口増加率で計算すると、三百年後には渡来系の血を受けた住民が、全住民の八〇パーセントに達することを突きとめたのである。

縄文時代は狩猟採集が主な生業《なりわい》で、原則として縄文人はお互いの縄張りを侵《おか》さなかったから、人口爆発を起こさなかった。ところが稲作を始めると、必要以上の収穫を得られるため、子孫が増え、さらに農地を増やし、ここで人口爆発が起きる。人口比を〇・一パーセントと低く見積もっても、人口増加率が二・九パーセントならば、同じ結果が得られるというのである。

この計算に従えば、大量の人間が海を渡ってこなくとも、渡来系の人口は確実に増えていくことがわかったのである。

問題は、「渡来系の血」が濃くなったからといって、大陸や朝鮮半島の感覚や文化が、日本列島を席巻したわけではなかったということなのである。

まず、まわりが全部先住民の中に、小さな渡来系の集落ができ、いつの間にか交流が始まり、婚姻関係が成立する……。そこで生まれた二世は、日本の風土と四季、日本（縄文）的な習慣、日本的な文化の中で育つ。彼らは成長すると、時に「日本人よりも日本人的だ」と、揶揄《やゆ》されたかもしれない。それが何代も続けば、体の中に渡来系の遺伝子が濃く焼きついていても、縄文から継承されてきた日本人的な感性を備えていったのではなかろうか。

## 渡来系工人《こうじん》の日本的なセンス

日本の文化はほとんどすべて、中国や朝鮮半島からもたらされたものだと信じられてきた。常に先進の文物《ぶんぶつ》を海の外からもらい受けてきたのだと、そう思ってきたのだ。しかし、縄文人の一万年の間に築き上げた文化が、日本人の感性の土台を作り上げてきたことに、われわれ自身がようやく気づき始めているのである。

たとえば、「仏教美術は日本列島にたどり着き、ようやく完成した」といわれることが多い。仏像にしても、美しさという点に関していえば、他地域の追随を許さないのだ。もちろん、それを「主観的で好みがあるから」といってしまえばそれまでだが、それなら聞くが中宮寺《ちゅうぐうじ》の国宝菩薩半跏像《ぼさつはんかぞう》を越える仏像が海外に存在するのなら、教えてほしい。救世《ぐぜ》観音《かんのん》を越える「生々しい仏像」が、どこにあるのだろうか。

「いやいや。日本の仏像は、渡来系の工人が造ったものだ」

と、反論されるかもしれない。しかし、渡来系でも日本的な感性を身につけた者がいたはずなのだ。

たとえば、飛鳥時代の止利仏師《とりぶっし》（鞍作鳥《くらつくりのとり》）がいる。日本の仏教美術を作り上げた天才なのだが、渡来系でもともとは馬具を作る工人集団を率いていた。仏教公伝《こうでん》（五三八あるいは五五二年）後、仏像を造るよう命じられたのだろう。代表作は、法隆寺金堂本尊・釈迦三尊像と飛鳥大仏《あすか》（法興寺・飛鳥寺）である。

鞍作鳥は司馬達等《しばたっと》の孫で、『扶桑略記《ふそうりゃっき》』には、この人物は継体《けいたい》天皇の時代に日本に渡って来たとある。六世紀のことで、またかれらは仏教公伝以前に、私的に仏教を信仰していたという。

鞍作鳥は、確かに大陸伝来の技術を駆使しただろう。しかし、この人物は日本に生まれ、日本の風土を愛《め》で、日本的なセンスを磨いたにちがいない。つまり、技術や技巧や様式は伝来のものであったとしても、造形の奥底に日本的な美意識が隠されているように思えてならない。だからこそ、仏像の造形はすぐに変化し、白鳳《はくほう》時代にいたり、すぐに飛鳥時代特有の様式から抜け出していくのである。

そしてもちろん、このような日本人の美的センスは、縄文一万年の歴史に裏打ちされているのだと思う。国宝クラスの火焔《かえん》土器をひとたび実見すれば、縄文時代に対するイメージは覆されるだろう。三内丸山《さんないまるやま》遺跡が発見されて、ようやく縄文時代に対するイメージは変わったとされるが、縄文土器や縄文時代の漆《うるし》工芸に接すれば、とっくの昔に縄文時代のレベルの高さに気づくはずだったのだ。

## 東に偏在した縄文人

縄文文化は、日本人の「三《み》つ子《ご》の魂」だ。そして東日本に、縄文的な要素が残されている。その境目は関ヶ原付近とも、名古屋と富山を結ぶ高山本線付近とも考えられている。なぜ、日本を二分しているのかといえば、縄文人が東側に偏在《へんざい》していたからだ。

西日本にも、縄文人は存在した。たとえば、鹿児島県指宿《いぶすき》市の水迫《みずさこ》遺跡から後期旧石器時代終末（縄文時代の直前）の竪穴《たてあな》住居、道路状遺構が見つかっていて、これまでの常識を覆し、旧石器人が定住していた可能性を示した。当時の最先端地域は南部九州だったようだ。鹿児島市の加栗山《かくりやま》遺跡と鍛冶屋園《かじやぞの》遺跡では、同じ地層（同時代）の後期旧石器文化と縄文文化が入り交じって同居していた。それぞれの代表的な石器が見つかっているのだ。

国分市《こくぶし》の上野原《うえのはら》遺跡からは、縄文早期前半の集落跡が見つかっている。五十二棟の竪穴住居が確認され（同じ時代に存在したのは十棟とみられる）、燻製《くんせい》を行なうための炉穴《ろあな》（十五基）も見つかった。やはり、獲物《えもの》を追って漂泊《ひょうはく》していたと考えられていた縄文人が定住していたことがわかる。住居、ゴミ捨て場、墓の存在が揃《そろ》えば、考古学的には定住と位置づける。定住によって、現代人に続く生活の基礎が築き上げられたと、考古学者は考える。生活は安定し、土器や道具の生産性は高まる。そして定住しているからこそ、多地域との交流も生まれるのだ。

定住は、縄文早期に南部九州、北部九州、関東、東海、中部高地で始まり、早期後葉《そうきこうよう》には、山陰、東北、北海道南部にも広まっている。

縄文時代といえば、「東」のイメージが強いが、西のはずれに高度な文化が芽生えていたことがわかる。ただし、こののち西日本の縄文文化は花開かなかった。おそらく原因は、縄文早期から前期にかけて、鬼界《きかい》カルデラの海底火山が大爆発を起こしたからだろう。南部九州は壊滅的な打撃を受け、上野原遺跡も、この時埋まってしまった。西日本にも甚大な被害をもたらしたようだ。火山灰は東北まで達している。

## 東アジアを二分する文化圏

もう一つ、東西日本の植生の差も、大きな意味を持っていたのではないかと考えられている。東日本は「ナラ林文化圏」、かたや西日本は「照葉樹林文化圏《しょうようじゅりん》」に属すといわれている。これは東アジア全体を二分する文化圏で、長江《ちょうこう》と淮河《わいが》の中間、いわゆる江淮《こうわい》地域を境に、南北に広がる森林地帯だ。南側は、常緑のカシ類やシイ、クス、ツバキなどの照葉樹林で、朝鮮半島南部から西日本にかけて広がっている。

北側は落葉広葉樹林帯で、コナラ属の樹木が多いため、「ナラ林帯」と呼ばれている。北京《ペキン》や平壌《ピョンヤン》、ソウル、東日本が、この樹林帯に入る。日本の場合、「ナラ」よりも「ブナ」が多いという特色もある。二つの樹林帯それぞれに、よく似た文化圏が形成されたと考えられている。中国東北部、沿海州、沿アムール地方、サハリンにいたるナラ林帯で、日本の縄文文化とそっくりな食料採集民の文化が花開いたのだ。

農耕という視点でも、東日本は北側から持ち込まれたナラ林文化圏の影響を受けている。たとえば日本の在来種（野菜の話）のカブには洋種系と和種系の二種類あって、ちょうど富山・石川県境から伊勢湾に至る（要するに現在の高山本線）ラインが分岐点になっている。東が洋種系で、西が和種系なのだ。もちろんこれも、中国大陸から続くナラ林文化圏の影響と考えられている。

『後漢書』挹婁伝《ゆうろうでん》（挹婁は粛慎《みしはせ》）、『魏書』勿吉伝《もつきちでん》には、ナラ林文化圏の人びとが、深い竪穴住居に暮らし、ムギ、アワ、キビなどの雑穀栽培に秀《ひい》で、豚を飼い、弓を使い狩猟を行ない、漁撈《ぎょろう》にも長《た》けていたと記されている。縄文人の暮らしにそっくりだ。

そして、照葉文化圏で盛んになった稲作が日本に伝わり、いち早く西日本で取り入れられていったのも、同じ文化圏の流れを汲《く》み取りやすかったからだろう。

## 縄文時代から継承された三つ子の魂

かつて縄文時代といえば、狩猟採集に明け暮れ、放浪する野蛮人というイメージが強かった。しかし、三内丸山遺跡の発見によって、世間一般の評価もがらりと変わった。定住し、簡単な農耕も手がけていたこと、日本独自の漆工芸や、芸術的な土器や土偶を創作していた。また、日本列島に広大なネットワークを構築し、八丈島《はちじょうじま》や朝鮮半島、中国大陸とも交流があったようだ。

縄文時代の見直し作業は徐々に進みつつある。たとえば「漆工芸」は、中国で発明されたと考えられてきたが、縄文人が先に造っていた可能性が高くなっている。

英語で「CHINA」といえば「陶磁器」のことだが、「JAPAN」は「漆器」で、偶然とはいえ、正確に太古から継承された特産品をいい当てていたわけである。

世界史レベルで見ても、縄文時代は決して時代にとり残されていたわけではないし、世界に誇るべき固有の文化を創り上げていたのだ。そして、現代に続く日本人の根幹を作り上げたのも、縄文の一万年間なのだ。

現代人は宗教とは無縁な生活を送っている(と誰しもがそう思っている)が、海外の人たちから観れば、日本人は固有で頑固な信仰を持ち続けているように見えるらしい。筆者は、「これこそ縄文時代から継承されてきた『三つ子の魂』」と考えている。

それがどのようなものなのか、一言で説明してしまえば、「大自然の猛威に対する諦念《ていねん》」が根底にあって、「人間がどんなにあがいても、大自然にはかなわない」と考えていることだと思う。この「恐ろしくて仕方のない大自然」こそ、日本人が「漠然《ばくぜん》と存在を思い描く神」なのであって、その「恐くて仕方のない神」がこの世に人間の姿となって現れたのが、「天皇（大王《おおきみ》）」だった。

日本人にとって「神」とは、大自然そのものなのであって、だからこそ神道《しんとう》は布教をしないのだ。また、神社は深い森に覆《おお》われている。正確にいえば、森そのものが神なのだ。ただ、このような信仰があまりにも自然な発想ゆえ、改めて指摘されないと、「われわれはどっぷり日本教に漬《つ》かっている」と、感じられないだけなのである。

これに対してキリスト教などの一神教は、宇宙を神が造ったと教える。そして、人間は神の子なのだから、世界を改造できると信じる。だから、キリスト教の延長線上に、共産主義や科学が生まれたのだと考えられているのだ。

しかし、「いくらがんばっても、大自然の猛威にはかなわないさ」と、最初からあきらめてきた日本人は、近代に至るまで、「科学的発想」、「人間は自然と闘えば、打ち勝てる」という発想を持たなかった。どちらが正しいのかという判断は、この本の主題ではないので、これ以上突きつめないが……。

水田稲作を選択するかどうか縄文人は躊躇《ちゅうちょ》しているが、これも宗教的な理由があったのだろう。弥生時代の到来後、西日本では比較的早く水田稲作は普及するが、東日本は抵抗を感じていたようだ。「大地に人の手を加える水田」という「運動」、「思想」そのものを拒《こば》んだ可能性が高い。

縄文人の優《やさ》しい信仰を軽視することはできない。少なくとも、縄文時代は輝《かがや》かしく、縄文文化は誇《ほこ》らしい日本人の宝であり、「文化の後進地帯だった」という東国に対する偏見も、そろそろ変えなければならないはずなのである。

そして、決して「東」は「西」よりも劣っていたわけではないのである。

## なぜ、東は見下されていたのか

『日本書紀』斉明《さいめい》五年（六五九）七月条には、次の一節がある。遣唐使が遣わされ、唐の皇帝に男女二人の蝦夷《えみし》を献上し、次のように説明している。蝦夷の国は東北にあること、五穀《ごこく》はなく、もっぱら肉を食べていること、家屋はなく、深山の木の下に住んでいるというのだ。

本当に、日本側の使者がこのような説明をしたのかどうか、はっきりとはわからない。

ただ少なくとも、八世紀の『日本書紀』を記した政権が、東国に対し、強い偏見を持っていたことは確かだ。

いや、これは偏見ではなく、情報操作であり、東国を敵視するためのプロパガンダなのではないかと思えてくる。

確かに、西日本から見れば、東国の文化や食生活は異質だっただろう。しかし、肉だけを食べていたわけではないし、そこには縄文時代から継承されてきた文化と信仰(思想)が脈打っていたはずだ。しかも、斉明朝以前から、東北地方への移民政策は始まっていて、交流は深まり、互いの文化、人種の差は縮まりつつあったのだ。それにもかかわらず、『日本書紀』は「東は野蛮」といい続けた。ここに大きな謎が隠されている。

『日本書紀』も八世紀の朝廷も、なぜか東国を嫌い、蔑視していたのだ。都に不穏な動きがあれば、三関を固守し、蝦夷征討を本格化させていく。しかし、よくよく考えてみれば、「天皇家の祖は東側から、東国の後押しを得てヤマトに乗り込んでいた」のである。それならば、なぜ『日本書紀』は、東国を見下し続けたのだろうか。ここにいう「天皇家の祖」とは、六世紀初頭にヤマトに乗り込んだ第二十六代継体天皇を指している。

『日本書紀』が東を見下し、東の歴史を抹殺してしまったきっかけとなったのは、八世紀の朝廷が継体天皇の秘密を握っていて、それを隠したかったからではなかったか。そこで、継体天皇について考えておきたい。

五世紀後半の雄略天皇の出現によって、改革事業はスタートしたが、その一方で反動勢力が跋扈《ばっこ》したのだろうか、混乱が続き、王統は入れ替わった。そして五世紀末に武烈天皇の御代に、皇位継承候補が途絶えてしまった。

そこで朝廷は、越《こし》（北陸）から、第十五代応神天皇五世の孫の男大迹王《おおどのおおきみ》に白羽の矢を立てたのだった。男大迹王は近江国高島郡の三尾《みお》（滋賀県湖西地方北部）に生まれ、父が早く亡《な》くなったので、母の故郷・三国《みくに》の坂中井《さかない》（福井県坂井市三国町）で育てられていたのだ。こうして即位したのが、継体天皇である。

長い間、継体天皇の即位は王朝交替ではないかと疑われてきた。「応神五世の孫」という系譜が信じがたかったからだ。しかし、即位と同時に前王朝の第二十四代仁賢《にんけん》天皇の娘手白香皇女《たしらかのひめみこ》を娶《めと》っているため、「婿入りではないか」と考えられるようになってきたのである。

## 継体天皇を後押ししていた人たち

それにしても、なぜ越＝三関の東側の王が選ばれたのだろうか。ヤマト建国後、繁栄を勝ち取ったのは、吉備を中心とする瀬戸内海世界だった。これに対し、日本海の盟主・出雲は没落してしまった。ヤマトと朝鮮半島を結ぶ道は、瀬戸内海航路が利用され、しばらく日本海勢力は（丹波を除けば）、埋没していたのだ。ところが、五世紀後半のヤマト朝廷の混乱をきっかけに、日本海は復活したようだ。特に越は、朝鮮半島から先進の文物を独自に取り入れ、富を蓄えていったのだ。ヤマトにはまだなかった王の冠も手に入れている。改革事業と反動という混乱によって疲弊したヤマトは、元気のいい越の王を求めたということだろう。

問題は、男大迹王のバックに東国が控えていたことである。

男大迹王《おおどのおおきみ》がまだ越にいたころ、尾張氏の目子媛《めのこひめ》との間にふたりの子が生まれていた。それが、勾大兄皇子《まがりのおおえのみこ》と檜隈高田皇子《ひのくまのたかたのみこ》である。二人の御子は後に第二十七代安閑《あんかん》と第二十八代宣化《せんか》天皇になった。ちなみに第二十九代欽明《きんめい》天皇の母は手白香皇女だった。また、宣化天

## 大王家系図

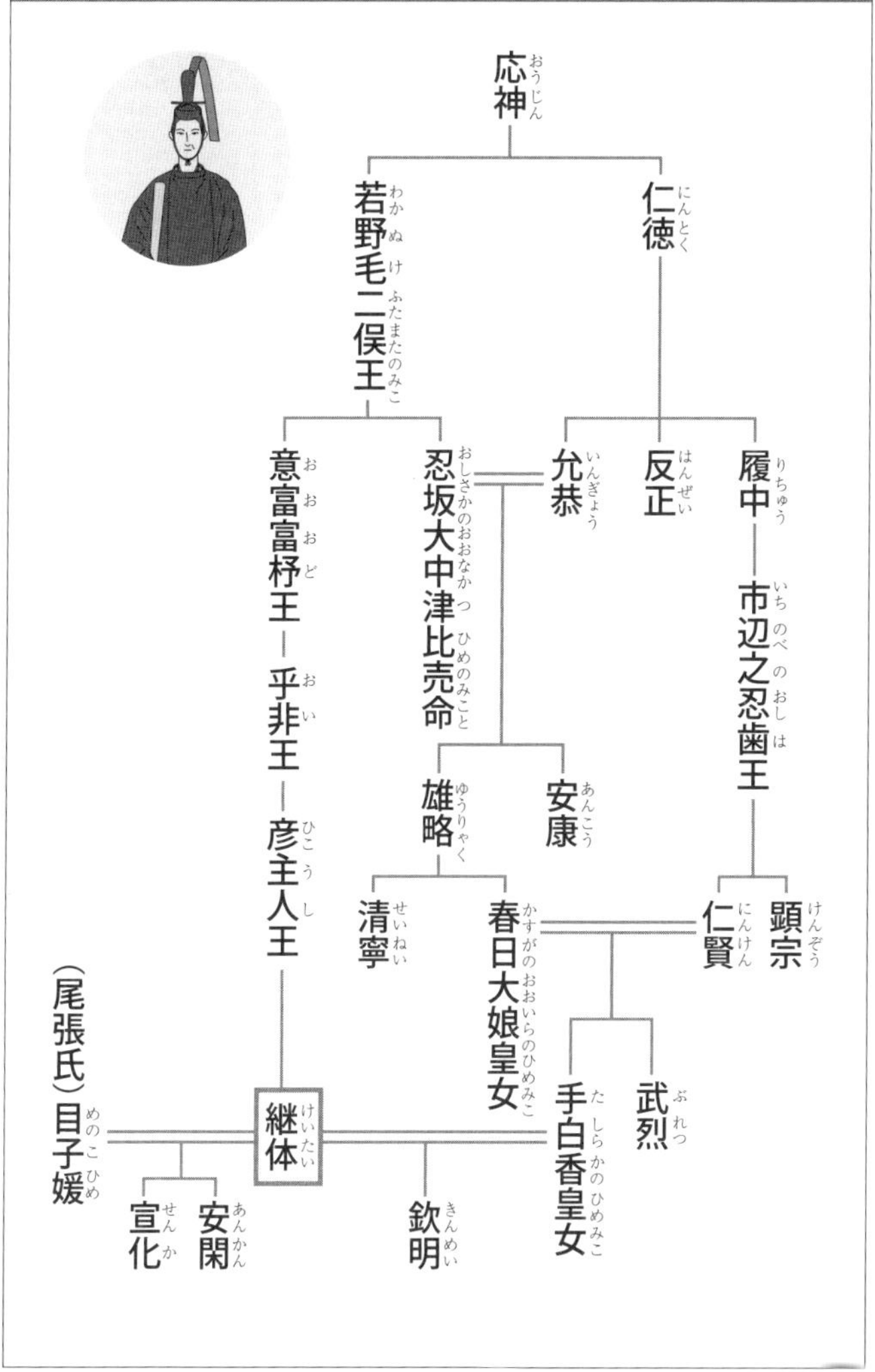
応神《おうじん》
若野毛二俣王《わかぬけふたまたのみこ》
仁徳《にんとく》
意富富杼王《おおおど》
忍坂大中津比売命《おしさかのおおなかつひめのみこと》
允恭《いんぎょう》
反正《はんぜい》
履中《りちゅう》
乎非王《おい》
市辺之忍歯王《いちのべのおしは》
彦主人王《ひこうし》
雄略《ゆうりゃく》
安康《あんこう》
清寧《せいねい》
春日大娘皇女《かすがのおおいらのひめみこ》
仁賢《にんけん》
顕宗《けんぞう》
（尾張氏）目子媛《めのこひめ》
継体《けいたい》
手白香皇女《たしらかのひめみこ》
武烈《ぶれつ》
宣化《せんか》
安閑《あんかん》
欽明《きんめい》

皇崩御ののち、尾張系の大王（天皇）は二度と現れない。

継体天皇を支えたのは、尾張氏だけではない。たとえば、飛鳥時代に活躍した阿倍氏と蘇我氏も、継体天皇とは浅からぬ縁でつながっている。

阿倍氏は謎めく氏族で、阿倍氏は東国と強くつながった氏族だが、六世紀に忽然とヤマトに現れる。

阿倍氏の祖について、『日本書紀』は記録していない。ところが『古事記』には、第八代孝元《こうげん》天皇の子・大彦命《おおびこのみこと》とある。第十代崇神《すじん》天皇の時代、大彦命は四道将軍の一人として、東国に赴いた。大彦命は太平洋側から、息子の武渟川別命《たけぬなかわわけのみこと》は日本海側から進み、すでに述べたように、福島県会津若松市付近で落ち合い「相津《あいづ》」の地名が生まれた。この時から、大彦命の末裔は、東国と強く結ばれていく。

『国造本紀《こくぞうほんき》』によれば、北陸、日本海、東国を中心に阿倍系の人脈が国造《くにのみやつこ》に任ぜられている。また、八世紀以降東北征伐が本格化すると、恭順した蝦夷たちは、なぜか「安倍」を名乗るようになっていく。「アベ」は、かれらにとってブランドだったようだ。

そして阿倍氏は、飛鳥時代に蘇我系の政権下で活躍していくのだ。孝徳朝の阿倍内麻呂《あべのうちまろ》（阿倍倉梯麻呂《くらはしまろ》）は左大臣まで登りつめている。これが阿倍氏の最盛期であり、ここから先没落していく。ちなみに、平安時代の陰陽師《おんみょうじ》・安倍晴明《せいめい》は阿倍氏の末裔である。

東国と強く結ばれた阿倍氏が六世紀に中央で活躍を始めるのは、継体天皇を後押ししていたからだろう。

## 尾張とつながっていた蘇我氏

次に蘇我氏だ。

蘇我氏といえば、第十五代応神天皇と強くつながった武内宿禰《たけのうちのすくね》が有名で、古くから朝廷で活躍していたかのように錯覚しがちだが、実際に実力を蓄えていったのは継体天皇が登場してからあとの話だ。蘇我馬子《うまこ》の父・蘇我稲目《いなめ》の時代から目立ち始める。やはり蘇我氏も、継体天皇とつながっていたようなのだ。

すでに述べたように、男大迹王は母の故郷・越の三国《みくに》で育てられる。『国造本紀』によれば、三国（福井県）、江沼（石川県。福井県との県境付近）、伊弥頭（富山県）の国造は蘇我系だったとある。

問題は三国国造（三国君《みくにのきみ》）で、志賀高穴穂朝《しがのたかあなほのみかど》（成務《せいむ》天皇）の御世《みよ》、宗我臣《そがのおみ》（蘇我臣）の祖・彦太忍信命《ひこふつおしのまことのみこと》の四世の孫若長足尼《まごわかながのすくね》が、国造に定められたという。三国君（公）の素姓に関して『日本書紀』などは異説も掲げるが、継体天皇の母は三国出身で、三国を代表する豪族が三国君だ。振媛《ふるひめ》は三国君の女性だろう。しかも三国君が蘇我系とすれば、多くの謎が解けてくる。蘇我氏が継体天皇出現ののち出世したこと、そして蘇我氏は「東」と相性がいいことである。

たとえば、七世紀半ばの緊迫した場面で、蘇我本宗家は「東方儐従者《あずまのしとべ》」をガードマンにしている。蘇我全盛期の政権は蝦夷たちを飛鳥で饗応し、ヤマト政権は東国と良好な関係を築いている。

さらに蘇我氏はなぜか、尾張氏と強くつながっていた。まず、継体天皇と尾張の目子媛《めのこひめ》の間の二人の御子、安閑《あんかん》天皇と宣化《せんか》天皇の名、「勾大兄皇子《まがりのおおえのみこ》」、「檜隈高田皇子《ひのくまのたかたのみこ》」の「勾」、「高田」は、蘇我氏と縁の深い地名なのだ。

飛騨国造は尾張系で、飛騨には七世紀後半の寺院がいくつか存在し、寿楽寺跡から出土した瓦《かわら》は尾張元興寺跡（愛知県名古屋市）の瓦と同じデザインで、尾張元興寺《がんこうじ》跡の瓦は大阪にある聖徳太子建立寺院の一つ野中寺《やちゅうじ》（羽曳野市）の瓦とつながり、この瓦の系統は若草伽藍《わかくさがらん》（創建法隆寺）の瓦にいき着く。「元興寺」も若草伽藍もどちらも蘇我氏とつながり、ここに尾張氏と蘇我氏の縁を感じる。

『日本書紀』宣化元年（五三六）夏五月条に、次の記事がある。

宣化天皇は筑紫国《つくしのくに》に各地の屯倉《みやけ》（天皇の直轄領）の穀物を運ばせた。この時、蘇我稲目は尾張連《おわりのむらじ》を遣わし、尾張国の屯倉の穀物を運ばせるように命じた……。問題は、物部氏と阿倍氏が同様の命令を受けていて、両者は同族の人間を動員したのに対し、蘇我氏のみ、血縁のない尾張氏を指名していたことなのだ。どうやら蘇我氏と尾張氏は、同族といってよいほど近しい関係だったようだ。それも継体天皇との血縁を想定すれば、謎は消える。

一般に継体天皇を後押ししていたのは大伴《おおとも》氏と考えられ、蘇我氏の存在はほとんど注目されていないが、ここに、『日本書紀』による情報操作を疑ってみる必要がある。

## ヤマトの大転換点で登場していた尾張氏

なぜ、継体天皇にこだわるのかといえば、六世紀初頭に東国の後押しを受けてヤマトに乗り込み、この王統が今上《きんじょう》天皇まで続いていること、八世紀の朝廷が、なぜか継体天皇の故地＝東国を警戒し、敵視しているからだ。ここに大きな秘密を感じる。

ところで、越から継体天皇を連れてきた大伴氏も、東国とは浅からぬ縁でつながっている。

大伴氏は初代神武天皇とともに南部九州からヤマトにやってきた由緒正しい氏族だが、隼人や蝦夷《えみし》ら辺境の民と強くつながっている。大伴氏は来目部《くめべ》を率いていたが、「クメ」は「クマソ（隼人）」の「クマ」に通じるのではないかと考えられている。大伴氏同族に佐伯氏がいるが、彼らが統率していた「佐伯部」は、もともとは捕虜にして連れてきた東北の蝦夷だった。

興味深いのは、大伴氏と尾張氏はどちらも東国と結ばれ、さらにヤマトの歴史が大きく動く時、活躍していたことなのだ。

大伴氏の場合は、神武東征と継体擁立《ようりつ》、さらに古代史最大の内乱・壬申《じんしん》の乱（六七二年）で活躍している。

尾張氏の場合は、やや複雑だ。というのも神武東征と壬申の乱で活躍していながら、『日本書紀』がこの事実を明確に示さなかったからだ。

壬申の乱の話はすでにしてあるので、神武東征と尾張氏の話をしておこう。

神武天皇は生駒山《いこまやま》を越えようとして長髄彦《ながすねびこ》の抵抗に遭《あ》い、やむなく紀伊半島を迂回《うかい》した。

熊野の荒坂津《あらさかのつ》（三重県度会《わたらい》郡大紀町錦）に至ったところで丹敷戸畔《にしきとべ》なる者を討ち取った。ところが土地の悪神が毒を吐いたので、一行はみなへたり込んで身動きができなくなってしまった。

ここで、高倉下《たかくらじ》なる者が登場する。高倉下はこの夜、夢を見た。天照大神が武甕槌命《たけみかづちのみこと》（雷神で刀剣神）に、「おまえが行って平らげてきなさい」と命じたが、武甕槌命は「平国之剣《くにむけのつるぎ》（武甕槌命の剣。このあと韴霊《ふつのみたま》と呼ばれる）を下せば大丈夫です」といい、武甕槌命は高倉下に韴霊を託した。目を覚ました高倉下は韴霊を見つけ、これを神武に献上したのだ。すると神武の一行は精気を取り戻し、ヤマトに向かって進軍を再開したのだった。

『日本書紀』は高倉下の素姓を明かさなかったが、『先代旧事本紀』は尾張氏の祖の天香語山命《あまのかごやまのみこと》だといっている。高倉下に韴霊を授けた武甕槌命も尾張系の神だから、この系譜は整合性がある。

このあと神武天皇は、ヤマトの地に入るも敵の布陣に圧倒されてしまう。すると、夢の中でお告げがあって、天香具山の土を取ってきて、土器を造って天神地祇《てんじんちぎ》を祀《まつ》ればよいと、神に教わる。尾張氏の祖は天香語山命（天香具山命）で、名がよく似ている。大和三山の一つは、尾張氏と強く結ばれていたのだろう。その山の呪術を用いて神武天皇は敵を倒している。

このように尾張氏の祖はヤマト建国の場面で、神武を救い、後押しし、ヤマト建国の功労者となるも、明確に「尾張氏が荷担したから神武は即位できた」とは『日本書紀』に紹介されなかった。暗示めいた話でお茶を濁《にご》されていたことがわかる。

尾張氏＝東国は時代の節目節目に現れ、時代を動かしてきたにもかかわらず、『日本書紀』によって抹殺されていたことは確かである。

そして最大の問題は、これら東国とつながっていた人びとのほとんどが、『日本書紀』の中で悪人扱いされていくことなのだ。

やはり、腑に落ちない。継体天皇を後押ししていた人たちが、なぜ歴史の中で不遇なのだろう。そしてなぜ、八世紀以降の朝廷は天皇家の故地を恐れ、三関固守を続けたのだろう。ここに「東」の歴史の秘密が隠されているはずなのである。

# 第三章

# 東国で勢力を誇った上毛野《かみつけぬ》氏の正体

## 関東の受難の始まり

東国の民の受難は、すでに七世紀後半から始まっている。防人《さきもり》が筑紫《つくし》に派遣されていたのだ。

律令が整備されると、二十一歳から六十歳まで兵役が課せられた。大宰府《だざいふ》や壱岐《いき》、対馬《つしま》を守るために、筑紫に向かったのは東国の人びとで「防人」と呼ばれ、東海道、東山道から狩り出された。京や国府、港や国家施設を守った人びとは、「衛士《えじ》」だ。前者は三年、後者は一年だが、朝廷は約束を反故《ほご》にすることがしばしばで、兵役は長引き、「壮年で兵役に就《つ》き、白首《はくしゅ》にして故郷に帰る」という証言が残されている。逃亡する者もあとをたたなかった。

防人の身の回りのもの、武具は、農民の自前だった。難波《なにわ》まで徒歩で赴き、そこから船で九州に連れていかれた。総数は三千名である。

ただし、八世紀前半には、すでに防人は必要なくなっていた。大伴旅人《おおとものたびと》らが率いる隼人軍制が確立されていったのだ。筑紫に駐屯していた防人たちは、そのまま留まってしまう者も多かったらしい。

その防人たちは、何を思って九州に向かったのだろうか。生の声を聞くことができる。それが万葉歌だ。

『万葉集』巻十四には東歌《あずまうた》が二三八首、巻二十には防人と家族の歌が八四首掲載されている。平安時代の歌集にはあり得ない一般庶民の歌が取り上げられているところに、『万葉集』の価値を見出す学者も多い。天平勝宝七年（七五五）に、筑紫に向かった遠江《とおとうみ》、相模《さがみ》、駿河《するが》、上総《かずさ》、常陸《ひたち》、下野《しもつけ》、下総《しもうさ》、信濃《しなの》、上野《こうずけ》、武蔵《むさし》出身の防人たちの故郷に残してきた父母や妻、家族を思いやる歌が多く残される。採録したのは、大伴家持《やかもち》らであった。

ところで、防人の歌に関して、庶民にこのような歌を作る力量はないという発想から、防人の歌は部領使《ぶりょうし》（引率の役人）が課した歌に先生が添削を加えたものだとか、歌は都人《みやこびと》の口吻《こうふん》（もの言い、口ぶり）を真似て作ったとか、貴族階級や知識階級の作にちがいない、とする説も飛び出した。未開の東国の人びとに、これだけの力量があったとは思えないということだろう。戦前、戦中のことだ。

しかし、吉野裕《ゆたか》が昭和十八年（一九四三）に『防人歌の基礎構造』（筑摩叢書《そうしょ》）を記し、「集団歌謡」という視点から見つめ直して以降、防人歌に対する評価はガラッと変わったのだった。
この結果、今日ではごく当たり前に、防人歌は防人や家族の作った歌と信じられるようになった。たとえば、『日本古典文学全集　萬葉集　四』（小学館）の解説には、次のようにある。

国々によってかなり程度差はあるが、仮名遣《かなづか》いの誤用や訛音《かおん》（おおむね都に近いほうが違例少なく、東海道末端諸国と上野《こうずけ》とが違例率が高い）、東国特有語はあったにしても、大体の歌意を知り得る歌が残され、それを通じて防人たちや留守家族の生々しい心境や東国庶民の生活を知り得ることは、『万葉集』として大きな収穫であった。

と、高く評価されるようになったのである。
まったくその通りで、平安時代の歌集は雅《みやび》で、教養の固まりのような歌が多いが、みな特権階級の道楽にすぎない。しだいに「技巧」、「頓知《とんち》」の世界に埋没していったが、『万葉集』を読んでいると、「よき時代の底なしの開放的な世界」が垣間《かいま》見えるような気がするのだが、もちろんこれは個人的な感想を述べているに過ぎない。

## つらさがにじむ防人たちの歌

防人や家族たちの歌を、眺《なが》めてみよう。

巻二十―四三六九と四三七〇は、同一人物の歌で、まず、妻の思い出を歌っている。

**筑波嶺《つくばみね》の　さ百合《ゆる》の花の　夜床《ゆとこ》にも　かなしけ妹《いも》そ　昼もかなしけ**

［大意］筑波山のユリの花のように夜の床でもいとおしい妻は、昼でもいとおしい。

このあとに、次の歌が続く。

**霰降《あられふ》り　鹿島《かしま》の神を　祈りつつ　皇御軍士《すめらみくさ》に　我《われ》は来《き》にしを**

［大意］鹿島の神（茨城県鹿嶋市）を祈り続け、天皇の兵として私は来たのだ。

もう一首、これは別人だが、やはり巻二十―四三七三に、次の歌がある。

今日《けふ》よりは　顧《かへり》みなくて　大君《おほきみ》の　醜《しこ》のみ楯《たて》と　出《い》で立つ我《われ》は

［大意］今日からは、後ろを振りかえらず、大君の楯（護り）となっていくぞ、私は。

大伴家持は巻二十―四三三一の歌の中に、次の一節がある。

四方《よも》の国には　人《ひと》さはに　満ちてはあれど　鶏《とり》が鳴く　東男《あづまをのこ》は　出で向かひ
顧《かへり》みせずて　勇《いさ》みたる　猛《たけ》き軍士《いくさ》と　ねぎたまひ

［大意］国々に多くの人がいるが、東男は敵に向かって背を向けず、勇猛に闘う兵士であることと、褒《ほ》めいたわられ……。

東国の兵士が強く勇猛なことは、誰もが知っていたことなのだ。そして、東男も、それを誇りに思っていたのだろう。ヤマト建国以来続いてきた、中央政権との強い絆と東国人の「誇り」が、まだ残っていたのだろう。

しかし、現実はしだいに「よき時代の関係」は昔話になりつつあったのだ。防人たちには、苛酷な現実が待ち構えていた。

だからこれらの歌は、空元気《から》のように思えてならない。ほとんどの防人の歌は、つらい別れの歌なのである。

巻二十―四四一七の次の歌が切ない。夫を見送る妻の歌だ。

**赤駒《あかごま》を　山野《やまの》にはかし　捕《と》りかにて　多摩《たま》の横山《よこやま》　徒歩《かし》ゆか遣《や》らむ**

［大意］赤駒を野に放してしまい捕らえ損《そこ》ね、多摩の横山を歩いて行かせることか……。

馬を捕《つか》まえられなかったことを悔《く》いている妻に、深い夫への愛と、惜別の悲しみを感じる。

『日本霊異記《にほんりょういき》』中巻三話に、奇怪な話が載る。

武蔵国多麻郡鴨《かも》の里《さと》の吉志火麻呂《きしのひまろ》は、聖武天皇の時代に筑紫の防人として赴任して、三年が経った。母は子に従って筑紫にきて世話をしていた（世話をする家人や奴婢《ぬひ》、馬などを連れて行くことは可能だった）。

ところが、吉志火麻呂は妻が恋しくてたまらず、自分の母を殺せば、「喪《も》」を理由に役を免除され帰郷できると悪だくみを企《くわだ》てた。結末はさらに意外なものなのだが、興味がある方は、『日本霊異記』をご覧になってみるとよい。問題は、母を殺しても帰郷したいと思うほど、防人の役目がつらかったという共通の認識があったことである。

## なぜ、東国の民をわざわざ九州に連れて行かなければならなかったのか

それにしても謎めくのは、なぜ東国の民をわざわざ九州まで連れて行かなければならなかったのだろうか。一般的によくいわれているような、「白村江《はくすきのえ》の戦いで西国が疲弊したから」なのだろうか。あるいは、「伝統的に東国の兵士が強かったから」という理由からだろうか。

そこで、防人の歴史を少しふり返っておきたい。

「防人」の初見は、『日本書紀』大化二年（六四六）春正月一日の、孝徳天皇の発した有名な改新之詔《かいしんのみことのり》だ。京師《みやこ》を整え、畿内の国に司《つかさ》、郡司《ぐんじ》などを置くようにと指示する場面で、「防人」が登場する。さらに、天智《てんぢ》三年（六六四）、天智十年（六七一）、天武《てんむ》十四年（六八五）、持統《じとう》三年（六八九）にも防人にまつわる記事が残されるが、少なくとも孝徳朝や天智朝において、律令制度によって整えられたような防人が存在したとは考えられない。ただ

し、天武朝に「防人軍」が生まれていた可能性は高く、またはっきりとした形で現れるのは持統朝からあとのことだ。

持統三年(六八九)二月十五日に、「筑紫の防人は、年限が満ちれば(三年の兵役か)、交替させなさい」と命令が下されている。実際には、ここが防人の制度の画期《かっき》になっていたのではないか、とする説がある(野田嶺志『防人と衛士』教育社歴史新書)。この年、筑紫や防人に関する記事が集中しているのだ。その中でも、閏《うるう》八月十日の記事が、重要な意味を持っているという。各地の国司に詔《みことのり》して、次のように命じている。

「この冬に、戸籍を造れ。そのため、九月までに浮浪者を摘発するように。兵士は国ごとに四等分して、軍事教練するように」

この文面は、律令制の軍団が整えられたという意味ではなく、当面の問題に対処するために、具体的な「臨機的政策」だったというのだ。すなわち、筑紫に律令制を強《し》いるために、武力投入したというのだ。同年閏八月、河内王を筑紫大宰帥に任ぜられたこと、兵仗《つわもの》(武器)を授《さず》け、物を賜《たまわ》ったとある。このような例は筑紫では異例で、ここに「防人」の画期があったというのである。

なるほど、まだ戸籍もまともに完成していない段階で、律令制的な防人が出現していたはずもなく、まず制度を整えるために、臨機応変に九州に軍事力を投入した、ということになる。

しかし、持統三年は、別の意味で特別な年だった。天武天皇崩御から三年の間、皇太子草壁皇子《くさかべのみこ》は即位することなく、ここで亡くなり、鸕野讚良皇女《うののさららのひめみこ》（草壁皇子の母）が、先帝の皇后《こうごう》の地位を根拠に即位したのであり、この年に防人にまつわる記事が集中しているのである。

他の拙著を読まれた方なら、ここで、「藤原不比等《ふじわらのふひと》の謀略」を思い浮かべるかもしれない。そうなのだ。東国の軍事力をわざわざ九州に振り分ける端緒《たんしょ》を、この時に作ったとすれば、ここに大きな意味が隠されていたとしか思えないのである。

それが何だったのか、答えはもうしばらくお預けにしておこう。ただし、ヒントだけは掲げておく。鸕野讚良（持統天皇）は藤原不比等を大抜擢しているが、この男が朝堂のトップに立った八世紀以降、朝廷は東北征討を本格化し、関東の軍事力を東北にさし向けていくのである。

なぜ、防人のみならず、東北征討にも関東の人びとが狩り出されたのだろうか。

すでに述べてきたように、古代の東国の中でも関東は特殊な地位にあった。独立色が強い一方で、大化改新以前の関東の首長たちは、国造となって朝廷に服属し、子弟たちは舎人《とねり》となって、天皇（大王《おおきみ》）に仕えた。他の地域と比べて「部《べ》」が多かった。この様子を北山茂夫は、

犠牲を強いられた「東夷《あずまえびす》」の国々（『平将門』朝日新聞社）

と表現し、律令制が整ったあとも、坂東諸国は「植民地的ひずみにながく耐えねばならなかった」というが、本当にそうだろうか。

七世紀後半、そして八世紀以降東国の軍事力が、九州と東北に振り分けられていったのは、「西国が疲弊していたから」、「東国の民が強かったから」、「植民地的な地位だったから」ではなく、もっとほかの理由があったとしか思えない。白村江の戦いが終わって数十年経《た》ったあとも、東国の兵士を東北にさし向けたのはなぜだろうか。

## 関東が一つのまとまりだったこと

なぜ東国の軍団は、朝廷の政策に振り回されたのだろうか。

もちろん、善意で捉《とら》えれば、朝廷に頼りにされたということになる。確かに、東国と天皇家の相性はよかったし、長い歴史の中で、東国の民の心の中に、「われわれが朝廷の軍事と天皇家を支《ささ》えている」というプライドが育っていった可能性は高い。朝廷が東国を一つの固まりとしてみなしていたように、東国の民も、西国の諸国の住民たちの意識とはまったく異なり、利害を越えた絆で天皇（大王）と結ばれていたのではないかと思えてくる。

その「大きな塊《かたまり》としての東国（アヅマ）」、「ヤマトと固い絆でつながっていた東国」の基礎を築いたのが、上毛野《かみつけぬ》氏だと思う。上毛野氏の一族は北関東を支配していたが、古代の関東の中心は、この一帯だったのだ。

そこでしばらく、上毛野氏について、考えておきたいのだ。この一族の謎を追っていくと、平安時代以降の東国の謎も解けてくるように思えるからである。

## 古代豪族分布図

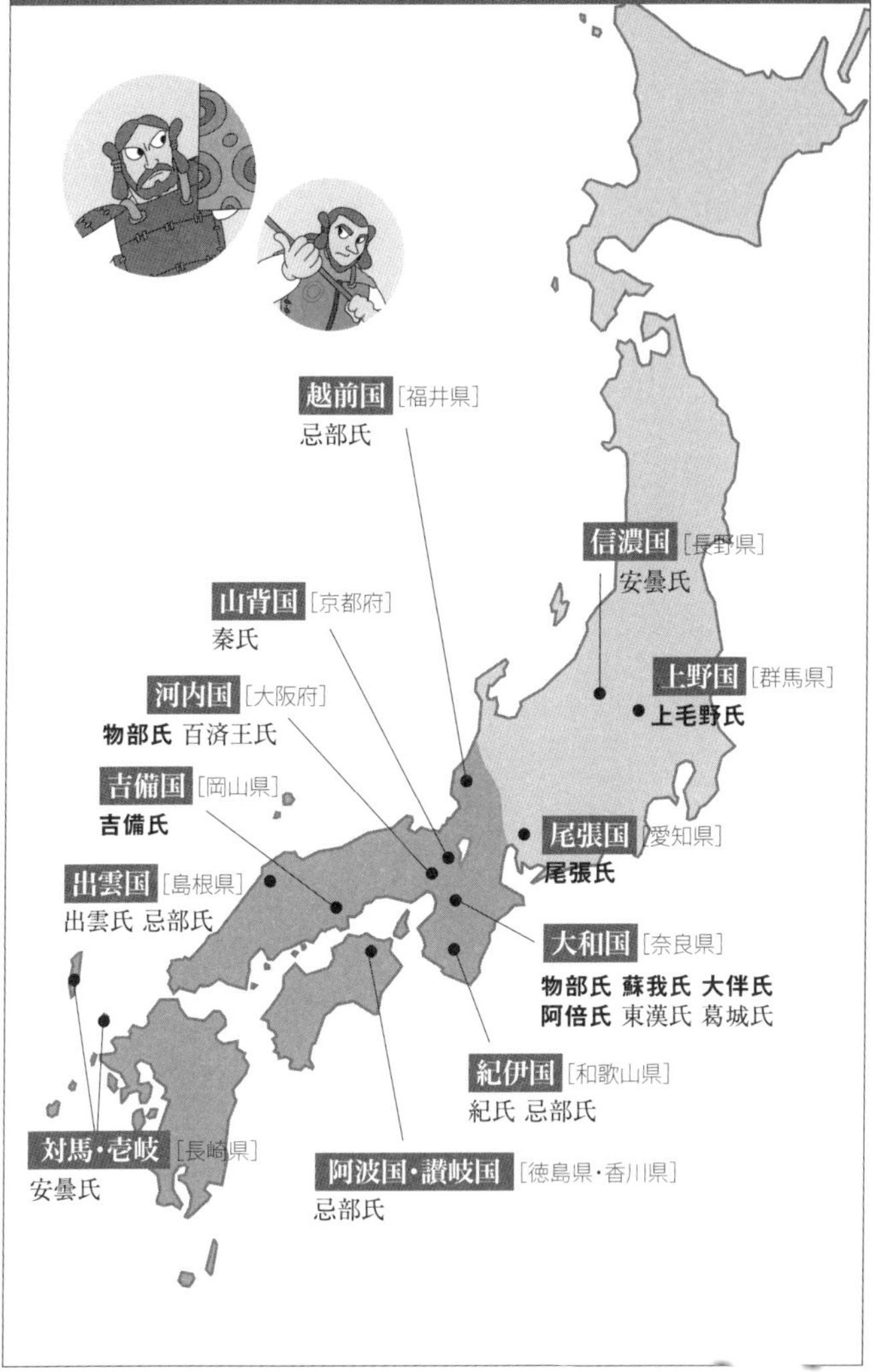

越前国 [福井県]
忌部氏
信濃国 [長野県]
安曇氏
山背国 [京都府]
秦氏
上野国 [群馬県]
上毛野氏
河内国 [大阪府]
物部氏 百済王氏
吉備国 [岡山県]
吉備氏
尾張国 [愛知県]
尾張氏
出雲国 [島根県]
出雲氏 忌部氏
大和国 [奈良県]
物部氏 蘇我氏 大伴氏
阿倍氏 東漢氏 葛城氏
紀伊国 [和歌山県]
紀氏 忌部氏
対馬・壱岐 [長崎県]
安曇氏
阿波国・讃岐国 [徳島県・香川県]
忌部氏

第二章で述べたように、上毛野氏は崇神《すじん》天皇の末裔《まつえい》で、東国の統治を委《ゆだ》ねられた。その末裔は三十六氏いると、『新撰姓氏録《しんせんしょうじろく》』に記録される。

また、天武十三年（六八四）に最高位「朝臣《あそみ》」の姓《かばね》を獲得し、上毛野朝臣《かみつけぬあそみ》、下毛野朝臣《しもつけぬあそみ》、大野朝臣、佐味《さみ》朝臣、池田朝臣、車持《くるまもち》朝臣に分かれ、「東国六腹《ろくはら》の朝臣」と呼ばれるようになった（『続日本紀《しょくにほんぎ》』延暦十年四月五日）。地方の貴族でここまで出世した例は、ほとんどない。

上毛野氏は、どこか「特別な存在」だったようなのだ。たとえば、『日本書紀』安閑元年（五三四）には武蔵国造のお家騒動があって、この争いに上毛野君小熊《かみつけぬのきみおぐま》が介入し、朝廷に背《そむ》いたこと、事件の中心に立っていた人物は誅殺されたが、なぜか小熊は許されていたのである。

上毛野氏の祖・彦狭島王《ひこしまのみこ》が「十五国の都督《かみ》」に任命されたという話も無視できない。都《と》督《とく》とは、もともと中国の役職名で恒常的な統治を委《ゆだ》ねられた軍事官のことだ。上毛野氏は、関東に睨《にら》みをきかせることを期待されたのだろうか。

関東は五世紀以降、畿内を除く日本列島で、もっとも多くの巨大前方後円墳を造営する地域に変貌していくが、その中心的存在が上毛野氏の支配する群馬県であった。

## 朝鮮半島に軍団を派遣していた上毛野氏

なぜ、上毛野氏は関東で繁栄していたのだろうか。それはおそらく、やや遅れていた関東に新たな技術を持ち込み、指導的役割を果たしたこと、広大な土地に先進の農業を根づかせたことで、人口爆発を起こすことに成功したからだろう。そして、上毛野氏が朝廷に頼りにされていったことも、大きな意味を持っている。どうやら上毛野氏が率いる東国の兵士たちは、大切な軍事力として駆《か》り出され、朝鮮半島に遠征していたようなのだ。

『日本書紀』に、上毛野氏の活躍が記録されている。神功《じんぐう》皇后摂政四十九年春三月条には、荒田別《あらたわけ》、鹿我別《かがわけ》の二人が将軍に任命され、朝鮮半島南部に遠征している。この二人の将軍は、上毛野氏の祖だ。もちろん、神功皇后そのものが架空の存在と考えられているが、少なくとも五世紀以降のヤマト朝廷が、高句麗《こうくり》の南下を阻止するために、たびたび遠征軍を送り込んでいることは事実で、そこで上毛野氏が活躍したからこそ、このような伝説が残されたのだろう（もっとも、筆者は神功皇后を架空の存在とはみなしていないのだが、それは置いておく）。

上毛野氏と朝鮮半島の関係は、まだまだ続く。『日本書紀』応神十五年秋八月の条には、百済王が阿直岐《あちき》を日本に遣《つか》わし、良馬二匹を献上した。阿直岐は優秀で、経典をよく読みこなした。そこで、太子《たいし》（皇太子）の菟道稚郎子《うじのわきいらつこ》が阿直岐を師とした。天皇が阿直岐に「あなたのような優秀な博士（学者）はほかにいるか」と尋ねると、「王仁《わに》がいます」というので、荒田別らを百済に遣わして、王仁を日本に招いた。荒田別は神功皇后の時代に朝鮮半島に渡った、例の将軍だ。

仁徳五十三年、新羅《しらぎ》が朝貢《ちょうこう》を怠ったので、夏五月に上毛野氏の祖・竹葉瀬《たかはせ》を遣わし、理由を問いたださせた。

ちなみに、先進の文物を日本に渡していた朝鮮半島の国々が日本に朝貢していたという『日本書紀』の記事は信じられないかもしれない。しかし、これには、理由があった。日本の軍事力を当てにしたのである。

広開土王碑文《こうかいどおうひぶん》には、高句麗が四世紀末南下政策をとり、百済を攻め、百済王を臣従《しんじゅう》させたこと、これに対し倭《わ》（ヤマト政権）が朝鮮半島南部に攻め入り、百済と新羅を破り、臣民にし、その後も新羅はたびたび倭に攻められたこと、百済は倭に服属したことが記されている。五世紀初頭、高句麗は倭の軍勢を打ち破ったとある。ただその後も、百済と新羅は高句麗に対抗するために、倭を頼りにしたのだった。すなわち、先進の文物を倭国に流したのは、このような「軍事面での協力」が必要不可欠だったからで、どちらが優位に立っていた、という問題ではない。

そして、ここで強調しておきたいのは、律令が完成する八世紀前半まで、ヤマトの軍勢は、豪族（首長）の私兵の寄せ集めだったこと、豪族それぞれが軍を動かし、思い思いに外交や交流を展開していたことだ。その中でヤマトの政権が頼りにしていたのが、まとまった数の兵を束《たば》ねていた上毛野氏だったということなのだろう。

時代は下り、舒明《じょめい》九年（六三七）是歳《このとし》の条に、次の記事がある。蝦夷《えみし》が背いて朝貢してこなかった。そこで上毛野君形名《かみつけぬのきみかたな》を征討の将軍に任命した。ところが蝦夷に破れて砦《とりで》に逃げ込んだが、蝦夷に囲まれてしまった。兵士は逃げ惑い、形名も逃げようと考えたが、この時、妻が次のように語って叱責している。

「あなたの先祖たちは、大海原《おおうなばら》を渡って海外を平定し、その武威は、後世に伝えられました。その誇り高き先祖の名を、あなたが傷つければ、笑いものになります」

そういって夫に酒を飲ませ、自ら夫の剣を佩《は》き、弓を張り、女性数十人に号令して弦《げん》を鳴らさせた。こうして進軍すると、蝦夷たちは大軍が出現したと勘違いし、退《しりぞ》いた……。

情けない形名だが、それはともかく、ここではっきりわかることは上毛野氏が朝鮮半島で大いに戦ったことを誇りに思っていたことだ。

白村江の戦い（六六三）でも、上毛野君稚子《わかこ》が活躍している。緒戦で上毛野君稚子は、三段編成の軍団の先頭に立つ将軍に任命された。そして期待通り、新羅の二つの城を落としている。ただし、このあとの戦いで倭国軍は唐と新羅の連合軍の前に大敗してしまっている。日本はここで滅亡の危機に瀕していたのだ。

## 上毛野氏と百済系田辺史《たなべのふひと》は同族だった？

上毛野氏同祖氏族といっても、全員が東国と密接に関わっていたわけではなかった。不思議なことに、渡来系の氏族や紀伊・和泉《いずみ》に住み続けた氏族がいる。ただし、上毛野氏はたびたび朝鮮半島に遠征していたことを考え合わせれば、その理由が見えてくる。

上毛野氏の中で、代表的な渡来系といえば田辺史《たなべのふひと》だろう。

田辺史は百済系の渡来人で、この名で思い浮かべるのは藤原氏との関係だ。田辺史は壬申の乱（六七二年）で大友皇子《おおともみこ》に荷担して敗れているが、中臣鎌足《なかとみのかまたり》の子の藤原不比等は一時田辺史に匿《かくま》われていて、だからこそ「フヒト」の名になったのではないかと疑われている。筆者は、中臣鎌足は人質《ひちじち》として来日していた百済王子豊璋《ほうしょう》ではないかと疑っていて（拙著『なぜ「日本書紀」は古代史を偽装したのか』実業之日本社じっぴコンパクト新書）、百済系・田辺史と藤原氏の関係は強かったと考える。

では、田辺史ら百済系渡来人は、上毛野氏との関係を次のように説明する。すなわち、「豊城入彦命《とよきいりひこのみこと》の五世孫に多奇波世君《たかはせきみ》がいて、その末裔」だというのだ。この多奇波世君は、『日本書紀』仁徳五十三年条に登場する「上毛野君の祖竹葉瀬《たかはせ》」とある人物と同一であろう。平安初期の『弘仁私記《こうにんしき》』（『日本書紀』の講書。『日本書紀弘仁私記』）に、田辺史らの祖は、仁徳天皇の時代に百済国から帰化したが、その祖は「貴国《きこく》（日本の）将軍・上野公《かみつけぬのきみ》竹合《たかはせ》」だと主張していた様子が記されている。天皇は憐《あわ》れんで、上毛野氏の仲間に入れたという。渡来系だが、大もとをたどっていくと、最初は日本列島から百済に渡ったということになる。

こののちも田辺史は「上毛野」とつながっていく。『続日本紀』天平勝宝二年（七五〇）三月十日、出羽国守《でわのくにのみこともち》・田辺史難波らに上毛野君の姓《かばね》を下賜《かし》したとある。先述した『続日本紀』延暦十年（七九一）四月五日の記事に、次のようにある。

近衛将監《このえしょうげん》の池原公綱主《いけはらのきみつなぬし》らが、次のように述べた。

「池原・上毛野の二氏は豊城入彦命から出ています。その豊城入彦命の子孫・東国の六腹《ろくはら》の朝臣《あそみ》は、それぞれの住んでいる場所の地名にちなんで姓を賜っています。このことは今も昔も同じで、百代を経《へ》ても変わりません。そこで、伏して望むのは、住んでいる地名から、住吉朝臣の氏姓《しせい》をいただきたく思います」

そこで天皇は、申し出のまま、彼らに住吉朝臣を賜った……。

では、これらの田辺史の伝承をどう考えればよいのだろう。

熊倉浩靖は、『古代を考える　東国と大和王権』　原島礼二　金井塚良一編』（吉川弘文館）の中で、「多奇波世君《たかはせきみ》（竹葉瀬）の後」とある「多奇波世君」の「奇」の字で「か」と発音しているのは、六世紀にさかのぼる古い用字法であること、その淵源《えんげん》は五～六世紀の朝鮮交渉史に求められると指摘する。そして、「『日本書紀』編纂《へんさん》時点ですでに渡来系グループと東国六腹の朝臣グループとの同祖性公認の基盤はできあがっていた」こと、「上毛野氏同祖氏族母胎《どうそしぞくぼたい》集団の日朝交渉への関与と、その過程で生み出された集団の倭国への再渡来は、大枠として認めてよいであろう」と指摘している。

朝鮮半島遠征の軍勢として駆り出された上毛野氏が朝鮮半島と関わりを持ち、外交にも携わっていた可能性は高いし、朝鮮半島に移り住んで官人となっていた可能性も高い。そう考えれば、「帰ってきた上毛野氏の同族」の存在は不自然ではない。

このように考えてくると、上毛野氏のもう一つのグループ、紀伊や和泉に集住していた末裔たちの存在も謎ではなくなる。彼らは豊城入彦命の子・倭日向建日向彦八綱田命《やまとひむかたけひむかひこやつなたのみこと》を始祖といっている。

## 崇神天皇とも関わりが強かった上毛野氏

当然といえば当然のことなのかもしれないが、畿内で活躍した上毛野系の者たちは、崇神天皇と強い縁を感じる。

『日本書紀』垂仁《すいにん》天皇四年から翌年にかけて、開化《かいか》天皇の孫・狭穂彦王《さほびこのみこ》が乱を起こしていく、ここで活躍したのが、上毛野君の遠祖・八綱田《やつなた》だった。垂仁天皇は乱を鎮《しず》めたことを褒《ほ》め、倭日向建日向彦八綱田《やまとひむかたけひむかひこやつなた》の名で呼ぶようになったのだ。ちなみに、なぜ名前に「日向」が二つ並ぶのか、これも謎めく。上毛野氏の祖は三輪山と大いに関わりを持っていたが、その山頂付近には神坐日向神社《みわにますひむか》が鎮座し、日向御子《ひむかのみこ》を祀っている。一般には三輪山の太陽信仰と関わりがあるから「日向（日に向かっている神）」と考えられているが、そうではなく、神武天皇が日向（南部九州）からやってきたことが、大きな意味を持っていると思われる。三輪山の大物主神《おおものぬしのかみ》は崇神天皇の時代に祟り、そこで大物主神の子を連れてきて大物主神を祀らせたが、この「大物主神の子」こそ日向御子であり、日向から連れて来られたと筆者はみる。

すなわち、ヤマトの王家と日向は密接な関係にあり、その「故地としての日向」の名を負ったのが、上毛野氏の祖・倭日向建日向彦八綱田命だったと思われる。くどいようだが、上毛野氏も、もともとは王家の一員だった。

ところで、崇神天皇は大物主神の子を探し、茅渟県陶邑《ちぬのあがたすえのむら》で見つけているが、茅渟は後の和泉地方のことで、このあと触れるように上毛野氏と接点がある。

五世紀後半の雄略十四年夏四月、根使主《ねのおみ》が反乱を起こした。根使主は坂本臣《さかもとのおみ》の祖で、『新撰姓氏録』によれば、坂本臣は武内宿禰《たけのうちのすくね》の末裔だという。「坂本」は地名で、「和泉国和泉郡坂本郷（大阪府和泉市阪本町）だから、根使主も和泉国と関わりが深かったようで、和泉国の日根（大阪府泉佐野市日根野）に逃げたが殺された。子孫は二分され、その片方は、茅渟県主《ちぬのあがたぬし》に下賜し、負嚢者《ふくろかつぎひと》（賤《いや》しい従者）にさせた。茅渟県主は、『新撰姓氏録』によれば、豊城入彦命三世の孫御諸別命《まごみもろわけのみこと》の末裔だとあり、茅渟は、和泉地方の古い地名だ。

やはり、上毛野氏の縁者で、和泉の地域に関わっていた氏族が存在したのだ。和泉の隣、紀国《きのくに》（和歌山県）の紀氏が盛んに朝鮮半島と交渉を持っていたように、上毛野氏の枝族は瀬戸内海に面した好立地に拠点を持ち、情報を集め、独自の外交戦を展開していたのかもしれない。

## 上毛野氏は物部系か

ところでここで、一つ仮説を掲げておこう。それは上毛野氏は物部系ではないか、というものだ。

なぜ、そのようなことをいい出したのかというと、そもそも崇神天皇も物部系ではないかと思われること、そして群馬県と物部氏の関わりが大きな意味を持っていることだ。

『日本書紀』に従えば、崇神天皇は第十代の天皇だが、通説は初代神武天皇と同一人物とみなしている。天皇の歴史を古く見せかけるために、一人の人物を分けてしまったといっている。しかし筆者は、二人は同時代人だが別人とみる。すなわち、崇神天皇は神武東征以前のヤマトの王で、大物主神の祟りに怯《おび》え、大物主神を祀るための祭司王（神武）を九州から呼び寄せたのではないかと考えている。そしてその正体は、饒速日命《にぎはやひのみこと》ではなかったか……。だからこそ、饒速日命は神武に王権を禅譲したのだと思うし、こう考えることで、なぜヤマトに祭司王が生まれたのか、なぜ物部氏がヤマト政権の中心に立ち続けたのか、その理由がはっきりとしてくるのである。

そして、崇神天皇の優秀な二人の御子のうちの一人が上毛野氏の祖で、その末裔が東国に向かったのなら、それは饒速日命の末裔の、物部系の枝族だったのではあるまいか。

ところで、ヤマト建国当初の王家は、纏向《まきむく》遺跡がそうであったように、いくつもの地域の首長たちが婚姻関係を構築し、地の同盟を結んだと考えられる。たとえば『日本書紀』は尾張氏を天皇家同族といい、物部系の『先代旧事本紀』は尾張氏を物部系といっている。これは、彼ら三つの貴種（大王、尾張、物部）がヤマトの王家を構成していたからだろう。すなわちヤマトの王家は、神武天皇の親族に物部氏と尾張氏が婚姻を重ねて成り立っていたと筆者はみる（拙著『神武東征とヤマト建国の謎』ＰＨＰ文庫）。基本的に、物部氏と尾張氏は、天皇家に女人を送り込み、物部系、尾張系の皇族が次々に生まれ、活躍していたのだ。このヤマトの王家の流れをくんでいたのが、上毛野氏ではなかったか。しかも、物部の血を引いた王族である。

実際、上毛野氏の上野国と物部氏には接点がある。

上野国一宮《いちのみや》は貫前《ぬきさき》神社（群馬県富岡市）で、祭神は経津主神《ふつぬしのかみ》と姫大神《ひめのおおかみ》だ。経津主神は霊剣・布都御魂《ふつのみたま》を神格化したものという。武甕槌命《たけみかづちのみこと》とともに出雲の国譲りで大活躍した神だ。経津主神は物部氏の、武甕槌命は尾張氏の系統の祭神と考えられている。すると、貫前神社は物部系ということになる。ただし、それほど話は単純ではない。

もともとの祭神は「貫前」と「抜鉾《ぬきほこ》」の二神で、二つの社が並び立っていたようだ。十四世紀に安居院《あぐい》で編まれた『神道集《しんとうしゅう》』には、次のような説明がある。抜鉾大明神は安閑天皇の時代に日本にやってきた。上野と信濃の境の笹岡山に鉾を立てていた。抜鉾神は南天竺《てんじく》（インド）の長者の娘だという。また抜鉾大明神の本地は弥勒菩薩《みろくぼさつ》で、女体観音《にょたいかんのん》といっている。

この一帯には、朝鮮半島からの渡来人（多くは新羅系と目される）が多く住み、「カラ」の地名が散見できる。そこで、貫前神社は六世紀ごろ、これら渡来人によって六世紀には成立していたのではないかとする推理もある（田島桂男『日本の神々　11』谷川健一編）。しかし、抜鉾大明神の説話は、「神仏混淆《こんこう》」の信仰によって編み出された「おとぎ話」であり、渡来人との関わりはないだろう。

どうにも不審なのは、上野国一宮である貫前神社に、上毛野氏の姿がまったく見えないことだ。下野国の一宮、二荒山《ふたらさん》神社では祖神の豊城入彦命が祀られる。

群馬県や栃木県といえば、夏に雷雲が発達することで知られるが、貫前神社本殿破風には雷神を描く窓があって、雷が発生すると信じられている南南西の稲含山《いなふくみやま》を向いている。また、稲含山と貫前神社を直線で結んだ北側の延長線上に咲前《さきさき》神社があって、経津主神を祀っている。もちろんこれは物部系の祭神だ。また一帯は物部系の磯部君が支配していたようだ。『続日本紀』にも、上野国甘楽《かんら》郡に物部君の名が見える。先述の田島桂男は、物部氏は武器・武具の製作者、管理者だから、貫前神社の祭神「抜鉾」の名に関わっていると指摘し、貫前神社は、まず六世紀に渡来人の手で創建され、八世紀に磯部君（物部氏族）の抜鉾が重なったのだろうと指摘する。経津主神が現在の主祭神であったのは、そのため、ということになる。しかし、逆ではなかろうか。

物部氏は馬の飼育を目論み、長野県に早い段階で進出していた。群馬との県境・碓氷峠《うすいとうげ》を下れば群馬に出る。物部系氏族は関東に睨《にら》みをきかせるために、峠を下ってきただろうし、それ以前から物部氏がこの地域に大きな影響力を及ぼしていた可能性は高い。

## 二つの流れの王家双方に重用された上毛野氏

なぜ、物部氏と上毛野氏の関係に注目したかというと、七世紀以降の上毛野氏が時代のうねりに翻弄《ほんろう》されたこと、物部氏とのつながりが悲劇を招いていたのではないかと思えてくるからだ。

まず、七世紀の上毛野氏と田辺氏の活躍は、めざましいものがある。

上毛野君稚子《かみつけのきみわかこ》は白村江の戦い（六六三年）で将軍となって出陣し、天武天皇のもとでは上毛野君三千《みちち》が歴史編纂史局の首座に立ち、佐味朝臣宿那麻呂《さみのあそみすくなまろ》が持統朝で撰善言司《よきことえらぶつかさ》の首座に立った。撰善言司とは、持統の孫の軽皇子《かるのみこ》（のちの文武天皇）らの教育用の書物を編纂するための官司と思われる。さらに下毛野朝臣古麻呂《しもつけのあそみこまろ》は、大宝律令撰定の実務統括者を担った。この中でも、下毛野朝臣古麻呂は大宝律令撰定の成果が認められ、大出世している。出世も大きな要素だが、歴史書や律令選定に深く関わっていたところに、上毛野氏の実力を知ることができる。おそらくこれは五世紀以降、しきりに朝鮮半島に渡り、深い知識と技術を習得していたことが、大きな意味を持っていたのだろう。

そして、さらに留意すべきことは、「流転する政局に翻弄されつつも、それぞれの政権に重用されていた」という事実である。

筆者は天智天皇（中大兄皇子《なかのおおえのみこ》）と天武《てんむ》天皇（大海人皇子《おおあまのみこ》）の兄弟が反目《はんもく》していて、その後二つの王家の流れを造っていったと考えている。天智の王家を支持していたのは中臣鎌足や藤原氏で、天武の王家は蘇我氏や物部氏ら、旧勢力だった。旧勢力に支えられていたといっても、改革派は天武の王家で、天智天皇と中臣鎌足は反動勢力であった。中臣鎌足の正体は人質として来日していた百済王子豊璋で、彼が天智を支えたのは日本を朝鮮半島の争乱に巻き込むためだった。滅亡の危機に瀕していた祖国の復興を目論んだのだ。しかし、すでに百済の趨勢《すうせい》は決まっていたにもかかわらず、百済遠征は強行され、白村江で大敗を喫したのだ。上毛野君稚子が、ここで奮闘している。

天智天皇崩御ののち、大海人皇子は天智の子の大友皇子と戦い、玉座を奪い取る。これが壬申の乱（六七二年）で、即位した天武天皇は蘇我氏が目論んだ律令制度の整備を急いだ。ここで上毛野君三千が活躍したわけだ。ところが、天武天皇が志半《こころざしなか》ばで世を去ると、皇后の鸕野讃良皇女《うののさららのひめみこ》が天武政権の乗っ取りを企む。中臣鎌足の子の藤原不比等と組み、鸕野讃良自らが即位する（持統天皇）。そして、孫の軽皇子に皇位をつないだ。藤原不比等は『日本書紀』を編纂し、本来男神だった太陽神を女神・天照大神《あまてらすおおみかみ》にすり替え、そのうえで、持統を天照大神になぞらえ、「持統＝天照大神」から始まる新たな王家を作り上げたのである。

そして藤原不比等は天武天皇の念願だった律令整備事業を継承し、「藤原氏にとって都合のよい法制度」を完成させたのだ。ここで活躍したのが、下毛野朝臣古麻呂である。

こうして見てくると、天智→天武→持統と、政局はめまぐるしく流転し、その中で上毛野氏らは権力者の下《もと》で、上手に泳ぎ回っていたことがわかる。これを狡知《こうち》と嘲笑《あざわら》うことはできない。

彼らも生き残りのために必死だったのだろう。それに権力を握った者たちは、みな「どうしても東国の力を借りなければならぬ」と思ったのだろう。だからこそ、上毛野氏を無視するわけにはいかなかったのだ。

## 藤原氏が人脈を生かして東国とつながった？

ここで注目すべきは、上毛野氏の枝族・田辺氏と車持《くるまもち》氏である。どちらも藤原氏と縁が深い。

田辺氏は百済系と目されているが、藤原不比等は壬申の乱で零落する前後、田辺氏のもとに身を寄せていた可能性が高い。私見が正しければ、藤原不比等は百済王子豊璋《ほうしょう》の子なのだから、「百済系」を頼るのは、当然のことであった。

ちなみに、豊璋が中臣鎌足を名乗っていたのも、中臣氏が親百済派だったからだろう（勝手に「中臣」の名を拝借したのではなく、白村江の戦いののち、養子の形をとって、紛《まぎ》れ込んだのかもしれないが）。中臣氏が親百済派だったのは、物部氏とのつながりが強かったからだろう。『先代旧事本紀』に従えば、中臣氏の祖は物部氏の祖の饒速日命《にぎはやひのみこと》につき従ってヤマトにやってきた。ヤマトの中心に立っていたのは物部氏で、神祇祭祀《じんぎさいし》を整えたのも物部氏と思われる。だから中臣氏は、物部氏の配下で神祇に関わっていたのだろう。

物部氏はヤマト政権の外交も主導していたが、彼らは朝鮮半島と中国とのつながりを重視し、朝鮮半島西南部の百済と強く結びついていた。物部氏に仕えていた中臣氏も、もちろん百済とは結ばれていただろう。その縁を伝《つた》って、豊璋は中臣氏の系譜にすべり込んだにちがいない。

藤原（中臣）氏はどのようにして、上毛野氏の周辺枝族とつながっていったのだろうか。

まず彼らは、成り上がりだからこそ、尊い祭神を求めている。中臣氏の始祖神は天児屋《あまのこやね》命《みこと》だが、八世紀に藤原（中臣）氏が実権を握り物部氏を蹴落《けお》とすと、いつの間にか東国の香取《かとり》神宮（千葉県潮来《いたこ》市）と、鹿島《かじま》神宮（茨城県鹿嶋市）の経津主神《ふつぬしのかみ》と武甕槌命《たけみかずちのみこと》を勧請《かんじょう》し、春日《かすが》大社の祭神に仕立て上げてしまった。これは、主家筋にあたる物部氏らの由緒正しい祭神を奪い取ったということになる。

また、中臣鎌足とはもともと関わりのなかった連綿と続く本物の中臣氏は、こののち神祇に専念し、かたや中臣鎌足の末裔は、太政官を支配し「藤原姓」を名乗って区別されていく。東北征討の拠点として重要な意味を持っていた鹿島と香取両神宮の祭神を奪えるということは、藤原氏がこの一帯を支配下に置いたということでもある。『常陸国風土記《ひたちのくにのふどき》』編纂直前の国守は藤原不比等の子・藤原宇合《うまかい》だった。藤原氏が奪ったのは物部氏の祭神だけではなく、東国における利権だろう。

もう一つ、ここで注目しておきたいのが、車持氏なのだ。藤原不比等の母は車持氏の出身であり、ここに藤原氏が上毛野氏を取り込んでいくきっかけが隠されていたように思えてならない。

すでに触れたように、上毛野氏は朝鮮半島と太いパイプを持ち、田辺氏らは、一度朝鮮半島に渡り、その後日本に戻ってきた氏族と思われる。だからこそ、中臣鎌足と藤原不比等は田辺氏とつながっていたのだろうし、この人脈を介して、車持氏と姻戚関係を結んだのだろう。

そして、この「上毛野人脈」を通じて、東国にも影響力を及ぼそうと考えたのではあるまいか。

東国の防人たちを九州と東北にさし向けることができたのも、上毛野氏の人脈をがっちり押さえたから可能になったはずである。

# 第四章

# 西国《さいごく》に復讐《ふくしゅう》する東国《とうごく》

## 東北蝦夷《えみし》遠征とともに東国の負担は増えた

「東」は長い間、「西」に復讐してきたように思えてならない。

いや、そうではない。八世紀から近世の終わりに至るまで、「東」は「西」の仕掛ける戦争に巻き込まれてきたのだ。しかも、「東」の人びとは勝てるあてもないのにヘソを曲げ、抵抗してきたのではあるまいか。根底には、「東」の人間の遺伝子に焼きつけられた、「西」に対する不信感がある。長岡《ながおか》の河井継之助《かわいつぐのすけ》、会津の松平容保《まつだいらかたもり》の「反骨」と「気骨」は、西側の人間には理解しがたいだろう。

八世紀以降東北蝦夷征討が本格化し、「東」は長い歴史の中で、「西」に蔑《さげす》まされ、欺《だま》され、利用され、痛めつけられてきた。被害者は東北だけではなく、関東も、「西」の我欲のために利用されていったのである。

では具体的に、いつ頃、東北蝦夷征討は始まったのだろうか。

まず、和銅元年（七〇八）九月、越後国に出羽郡《でわのこおり》を建てている。そして和銅二年（七〇九）三月五日に、「陸奥と越後の二国の蝦夷には野心があり、なかなか靡《なび》いてこない。また、しばしば良民を害す」という報告があって、このとき将軍が派遣されたのだ。ほとんど言いがかりに近く、その直前まで、朝廷と蝦夷は穏やかな交渉を保っていたのだから、不可解きわまりない。

和銅七年（七一四）十月以降、大量の移民も送り込まれた。まず、尾張、上野《こうずけ》、信濃、越後などの民二百戸を出羽国に、翌年五月には、相模《さがみ》、上総《かずさ》、常陸《ひたち》、上野、武蔵、下野《しもつけ》六国の民千戸を陸奥に、さらにその翌年九月には、出羽国に近国の百姓《おおみたから》四百戸を、霊亀《れいき》二年（七一七）二月に、信濃、上野、越前、越後の百姓百戸を出羽柵戸《きのへ》に配し、養老三年（七一九）七月、東海、東山《やまのみち》、北陸の民二百戸を出羽柵戸に配している。さらに、蝦夷と対峙する陸奥と出羽には鎮兵が配置され、坂東《ばんどう》から人が狩り出された。これに代わって、俘囚《ふしゅう》（捕らえられた蝦夷）が連れてこられたのだった。その中でも下野と常陸が多かった。

『続日本紀』は、「蝦夷が悪い」と主張するが、客観的に判断すれば、朝廷側が一方的に柵を設け、移民政策を強行したのであって、東北の人びとにとって、これはいい迷惑だっただろう。

もちろん、反発は強かったようだ。養老四年（七二〇）九月二十八日、陸奥国の蝦夷が反乱を起こし、按察使《あぜち》・上毛野広人《かみつけのひろひと》が殺されている。ただし、乱の詳細を『続日本紀』は語らない。大義名分のない戦いだったことは、『続日本紀』編者も理解していたのではあるまいか。

## 混乱する関東

東北蝦夷征討が始まると、東国の負担は増大した。神亀《じんき》元年（七二四）三月に蝦夷が反乱を起こすと、夏四月には、「坂東八国の軍三万人」が騎射《うまゆみ》と軍陣の練習をさせられ、大量の機織物を陸奥に運ぶよう命じられていて、このような事態は、こののちもくり返されていくのである。

東国の民を苦しめたのは、これだけではない。八世紀初頭に完成した律令制度の矛盾《むじゅん》が噴出し、農民は苦しめられた。三世一身法《さんぜいっしんほう》（七二三年）や墾田永年私財法《こんでんえいねんしざいほう》（七四三年）などの対策が出されたが、焼け石に水だった。もともと律令制度は、土地と民の私有を禁じ（原則としてだが）、土地を民に公平に分配し、収穫の一部を天皇が吸い上げ、土地所有者が死ねば、手入れし耕した農地は国家に返納しなければならないというシステムで、原始的な共産体制だから、ほころびが出るのは時間の問題だったのだ。八世紀半《なか》ば以降、重税と苦役に耐えかねた農民たちが、土地を手放し流浪するようになってしまったのだ。

そして、奈良朝末期から平安朝に至ると、国際的緊張関係も緩和したこと、東北征討も延暦二十一年（八〇二）に阿弖流為《あてるい》の処刑によってほぼ収拾していた。農民の流亡を防ぐためにも、徭役《ようえき》をやめ、兵制も改められた。すでに触れたように、健児制《こんでんせい》が採用されたのである。

すでに述べたように、郡司《ぐんじ》（郡は、律令体制における地方行政の最小単位。郡司は郡の官人。国司《こくし》は中央から派遣されたが、郡司は地方の有力者・豪族が世襲した）の子弟を集め、軍団を形成し、国府を守らせるようになったのだ。とはいっても、大きな争乱が起きれば、元のように農民を徴用していた。

どうやら、郡司も健児も、あまりあてにならなかったようなのだ。急速に台頭《たいとう》してきた富豪層は院宮王臣家とつながり、郡司たちの権威は失墜するばかりだった。

こうして、関東の混乱は拍車をかけていく。群盗が登場した事情も、すでに序章で述べた通りだ。巡り巡って、話はここに戻ってきたのだ。

## 良好な関係を保っていたヤマト朝廷と東北蝦夷

なぜ、八世紀以降の朝廷は、東北蝦夷征討をくり広げたのだろうか。実をいうと、それ以前の政権は東北や蝦夷とうまくやっていたのだ。

すでに五世紀末から六世紀初頭にかけて、平和的な移民政策が始まっていた。東北北部の東側に少数の移民の痕跡《こんせき》があり、蝦夷たちと共生していた様子が見てとれる。そして七世紀には、大量の移民が流れ込んだ。新たな埋葬文化も流入している。ちなみに、これらの移民政策に関して、『日本書紀』はまったく沈黙を守っている。

ただし、七世紀半ばの蘇我政権と蝦夷の蜜月は、『日本書紀』に記録されている。皇極《こうぎょく》元年（六四二）には、越の蝦夷数千人が帰順し、朝廷で蝦夷を饗応している。蘇我大臣《そがのおおおみ》（蘇我蝦夷《そがのえみし》）は蝦夷たちを家に招き、慰問した。斉明《さいめい》元年（六五五）には難波長柄豊碕宮《なにわのながらとよさきのみや》で、越《こし》や陸奥の蝦夷たちを饗応したという。いったいこれは何を意味しているのだろうか。そもそも、蘇我本宗家の長者の名が「蝦夷」で、彼らが東方儐従者《あずまのしとべ》をガードマンに抱え込んでいたという話も妙にひっかかる。

すでに述べてきたように、継体天皇は「東」の後押しを受けて王位を獲得し、ほぼ同時に、蘇我氏や阿倍氏が勃興した。だから当然、蘇我氏は越や東国とは強く結ばれていたのだ。千葉県の京葉線の終点・蘇我駅も、蘇我氏の伝承と関わりがある。印旛沼《いんばぬま》周辺にも、蘇我系の豪族が暮らしていたようだ。さらに、信州にも物部氏のあとを追うように進出した。

物部氏は配下の長野氏（渡来系）らを信州に送り込み、馬の飼育を始めたのだ。ちなみに、「長野県」の「長野」は、この長野氏の名に由来するが、もともとは河内《かわち》長野の「長野」のことだ。それはともかく、このあと蘇我氏の枝族も信州に入った。蘇我氏と東国は、やはり強くつながっている。

蘇我入鹿《そがのいるか》暗殺を計画したのは中大兄皇子と中臣（藤原）鎌足で、二人は古代史の英雄で改革者と信じられているが、他の拙著の中でくり返し述べてきたように、実際の蘇我氏は改革派で、中大兄皇子と中臣鎌足は反動勢力だった。そして、中大兄皇子の弟・大海人皇子（天武天皇）は親蘇我派で、ここに七世紀後半の複雑に絡《から》み合った政争の秘密が隠されているし、東国や東北の歴史も、この「ねじれ」に注目しないと真相は見えてこないのだ。

中大兄皇子は要人暗殺をくり返し、即位することができたが（天智天皇）、人びとは敵権批判し、民心は大海人皇子支持にまわっている。

天智天皇の崩御ののち、壬申の乱（六七二年）が勃発する。これは、乙巳《いっし》の変（六四五年）の蘇我入鹿暗殺に対する、蘇我系皇族、蘇我系豪族ら親蘇我派の意趣返しの意味合いが濃かった。天智天皇の子・大友皇子と雌雄を決した大海人皇子は、蘇我系豪族や尾張氏、東国の軍勢の後押しを得て、大勝利を挙げ、反蘇我派（要するに天智天皇と中臣鎌足）の手で一度近江に遷《うつ》された都を、蘇我氏の地盤である飛鳥《あすか》に戻したのだ。

## めまぐるしく流転する政局

天武十一年（六八二）に、越の俘人《とりこ》（俘囚《ふしゅう》。朝廷に恭順《きょうじゅん》した蝦夷《えみし》）が七十戸で郡《こおり》を建てたいと申し出てきたため、朝廷はこれを許したという記事が、『日本書紀』にある。これは蝦夷郡で権郡《ごんぐん》（仮の郡）なのだが、蝦夷の自治区を天武天皇は容認していたことがわかる。しかも、のちの出羽の地域ではないかと考えられている。八世紀以降の東北蝦夷征討の思想とは、まったく異なる基準で天武天皇は行動していたことがわかる。

それはともかく、蘇我氏は改革派で、中大兄皇子と中臣鎌足は反動勢力で、大海人皇子

＝天武天皇は親蘇我派だった……。蘇我改革政権は中大兄皇子に倒され、中大兄皇子は即位して天智天皇となり、天智の王家は大海人皇子によって倒され、ふたたび親蘇我派の王家が誕生した。そして天武天皇は天智朝で遅れに遅れていた改革を、一気に成し遂げようと走り出した……。ところが、天武天皇は、志半ばで崩御。その直後、息子・草壁皇子の即位を願い続けた鸕野讃良皇女《うののさららのひめみこ》（天武の皇后）は、蘇我氏らが後押ししていた大津皇子を陰謀にはめて、殺してしまった（拙著『なぜ「万葉集」は古代史の真相を封印したのか』実業之日本社じっぴコンパクト新書）。ここで、日本の歴史は「暗転」する。

蘇我氏や親蘇我派の皇族、豪族を敵に回した鸕野讃良は、壬申の乱ののち冷や飯を食わされていた中臣鎌足の子の藤原不比等を大抜擢《だいばってき》する。そして、草壁皇子が即位できないまま亡くなると、「先帝の遺志を継承する」という大義名分を掲《かか》げ、先帝の皇后の地位を利用して、玉座を奪ってしまったのだ。これが持統天皇なのだが、問題は持統が天智の娘だったことである。

持統と藤原不比等の組み合わせは、天智天皇と中臣鎌足のコンビの復活であり、知らぬ間に「反蘇我政権」が生まれていたのだ。

ただし、律令整備事業は順調に進められていく。これは矛盾して見えるが、そんなことはない。藤原不比等は律令整備こそ、藤原氏勃興のチャンスと睨んだのだ。

律令制度は豪族たちが私有していた土地と民を、原則として一度天皇がもらい受け、戸籍を作り、民に公平に分配し、土地の収穫から税を徴収するシステムだった。もちろん、大きな土地、多くの民をさし出した豪族はその後の人事やサラリーや蔭位制《おんいせい》（高位高官の子弟は、高級官僚として役人の第一歩を踏み出せた）で優遇されただろうが、それでも、既得権益を失い、世襲されてきた財と地位を手放すのは、不安でたまらなかっただろう。

律令の規定に従えば、一族の命運を決定するのは天皇の人事であり、その天皇を動かすことができるのは、太政官で、要はごく一部の取り巻きの貴族（豪族）であった。ここに、成り上がり者＝藤原不比等のつけ込む隙《すき》があったのだ。

## なぜ、持統即位の年に防人が九州にさし向けられたのか

前章でも述べたように、筆者は藤原不比等の父・中臣鎌足を百済から人質として日本に預けられていた百済王子豊璋《ほうしょう》とみる。豊璋は蘇我入鹿《いるか》暗殺の黒幕であり、蘇我入鹿を殺さなければ、無謀な百済救援（白村江の戦い）は実現しなかったのだ。けれども、壬申の乱

## 藤原不比等と天皇家関係系図

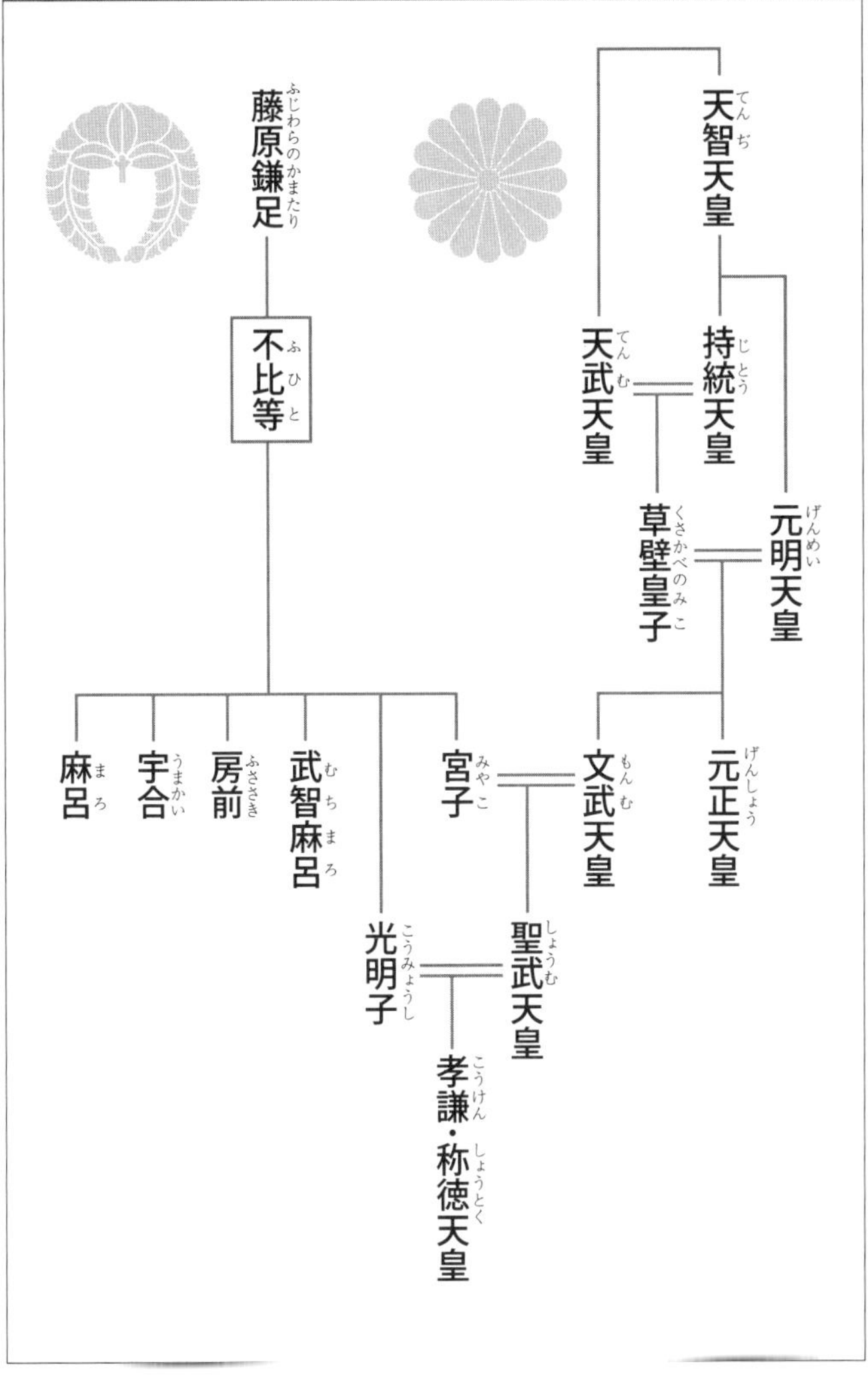

によって、中臣鎌足の子の藤原不比等は没落してしまった。

しかし、藤原不比等はしたたかだった。多くの豪族が土地と民を手放した瞬間、律令（法律）を支配する者が、優位に立つことを知っていたのだ。犯罪者に法の網をかぶせるのは、律令を支配する者だ。罪が法の網にかかるのかどうか、有罪ならどの程度の罰を与えるか、そのさじ加減《かげん》は法の番人が決める。極端な言い方をすれば、罪のない人間を罰することも可能なのだ。藤原不比等は最初は律令を整備する役人の地位に甘んじ、やがて頭角を現すと、「歩く律令（法）」となり、周囲を圧倒し始める。

しかも藤原不比等は、「天皇を動かすためには外戚《がいせき》の地位を確保するのが手っ取り早い」ことを熟知していた。すなわち、藤原氏の女人を天皇にあてがい、産まれ落ちた子を即位させることで、傀儡《かいらい》の天皇が誕生する。この藤原氏の宿願がかなったのは、藤原不比等亡きあと、聖武《しょうむ》天皇が即位した時だ。母は藤原不比等の娘の宮子《みやこ》、妃は藤原不比等の娘の光明子《こうみょうし》と、絵に描いたような「藤原のための天皇」が誕生したのである。

さて、大宝律令の完成が大宝元年（七〇一）のこと。蘇我系政権が目指していた中央集権国家は、皮肉なことに政敵藤原不比等の手によって整えられた。そしてここから、なぜか朝廷は、東北蝦夷征討を本格化させていく……。ここに何か、因果関係を見出すことはできるのだろうか。

ここでまず注目すべきは、東国の民が本格的に防人として九州に送られたのが、持統三年（六八九）だったことなのだ。朱鳥《あかみとり》元年（六八六）に天武天皇は崩御し、ほぼ同時に大津皇子が、鸕野讚良（持統天皇）の手で殺された。この事件の時、すでに鸕野讚良は藤原不比等と手を組んでいたと考えられるが、持統三年といえば、一粒種の草壁皇子が亡くなり、鸕野讚良自ら皇位に就いた年だ。この時、あえて防人を東国から九州に送り込んだ理由は、どこにあったのだろうか。それは、「東国の武力を分散しておきたい」という目論見だったからではあるまいか。

## 「夷《い》をもって夷を制す」という藤原氏の手口

時間を少し巻き戻す。大津皇子の謀反《むほん》事件も、「東」がからんでいる。

天武崩御直後の「喪中」に、大津皇子は東に向かっていた。伊勢斎宮《いせさいくう》で姉の大来皇女《おおくのひめみこ》（斎王《さいおう》）に面会していた事実を、『万葉集』が伝えている。これは謎の行動で、謀反の重大な証拠ととられてもおかしくはなかった。伊勢を抜ければ、すぐに尾張氏の待つ東国に抜けられる。

大津皇子は、天武最晩年の鸕野讃良たちの不穏な動きに身の危険を察知して東国に逃れたのではなかったか。軍団を引き連れて戻ってくれば、鸕野讃良の野望は潰《つい》えていただろう。しかし大来皇女は、それを思いとどまらせたのだろう。問題は、この経過一切を『日本書紀』が記録しなかったことだ。鸕野讃良と藤原不比等側に、何かやましいことがあったからだろう。都に戻った大津皇子はすぐさま捕縛され、謀反の嫌疑をかけられ、有無をいわさず刑は執行された。

八世紀の朝廷が「三関固守《さんげんこしゅ》」にこだわったのは、大海人皇子や大津皇子の例を忘れていなかったからではあるまいか。すなわち、謀反人が東国を味方につければ、手に負えなくなる、という事実だ。それほど、東国の軍事力は、恐ろしかったのだろうし、そもそも藤原氏の政権は、蘇我氏や親蘇我派、物部氏ら、旧体制側の豪族を蹴落とし、衰退させたうえに成立していて、藤原氏の政敵はことごとく東国と強く結ばれていたのだから、藤原氏にとって、東国は常に仮想的国であり続けたのである。

ここに、防人や東北蝦夷征討の裏側が見えてくる。東国の軍事力を西と東にふり分けることで、弱体化を図ったのだろうし、朝廷に刃向《はむ》かえないようにしたのだろう。そして何よりも、「政敵同士を争わせる」、「夷《い》をもって夷を制す」策に出たということだろう。東国の軍事力だけではなく、東北征討に駆り出された貴族の多くも、「反藤原派」であった。

ここで明記しておきたいのは、政権を維持するための「藤原氏のやり方」なのだ。刃向かう者、いうことを聞かない者が出てきたら、藤原氏はあらゆる手段を駆使してでも、政敵を潰《つぶ》しにかかったのだ。たとえそれが皇族であろうとも、容赦《ようしゃ》なかった。天武天皇の孫の長屋王《ながやのおおきみ》の場合、誣告《ぶこく》（嘘の密告）で罪をなすりつけられ、一家ともども、滅亡に追い込まれた。助かったのは、藤原系の妃《きさき》とその子だけだった。

当然、藤原氏は多くの人々に恨まれた。藤原氏は、「自家だけが栄えればそれでよい」と開き直り、権力者の地位を独占したのである。

## 酒に溺《おぼ》れた大伴旅人《おおとものたびと》

多くの旧勢力が藤原氏に追い落とされていき、平安時代に至ると、藤原氏は朝堂独占にほぼ成功し、摂関政治を展開していく。最後まで藤原氏に抵抗したのは大伴氏だった。大伴氏も、蝦夷と強くつながる枝族だった。そこで少し、大伴氏と藤原氏の葛藤《かっとう》の歴史をふり返っておこう。

大伴氏といえば、万葉歌人として名高い大伴旅人と家持《やかもち》が有名だ。どちらも藤原氏のせいで悲惨な生涯を送っていたのだ。

藤原不比等の四人の子（武智麻呂《むちまろ》、房前《ふささき》、宇合《うまかい》、麻呂）が朝堂独占を目論んでいた時代に、大伴旅人は例の長屋王と昵懇《じっこん》の間柄となっていた。ところが、神亀《じんき》四年（七二七）に、大伴旅人は大宰帥に任命され、九州に赴任した。一般に大宰帥は、遙任《ようにん》といって現地に赴《おもむ》かないものなのだが、大伴旅人は例外だった。これは、左遷の疑いが強い。反藤原派の実力者は、こうして都から遠ざけられ、長屋王は孤立してしまったのである。

大伴旅人は小野老《おののおゆ》、山上憶良《やまのうえのおくら》らとともに「筑紫歌壇《つくしかだん》」を形成し、歌に専念していたようだ。やけくそ気味に、酒の歌を頻繁に作っている。巻三の三三八から三五〇に、「大宰帥大伴卿、酒を讃《ほ》むる歌十三首」が残されている。「酒を讃美している」のではなく、ほとんど酒に溺れている。たとえば次の歌が象徴的だ。


賢《さか》しみと物いふよりは酒飲みて酔泣《ゑひなき》するしまさりたるらし（三四一）

偉そうに物をいうぐらいなら、酒を飲んで酔い、泣いたほうがまさっている、というのだ。「いっそのこと、酒壺《さけつぼ》になってしまいたい」という歌まである。「今さえ楽しければ、それでよいではないか」とさえいっている。

そして、次の一首（巻三―三四四）が興味深い。

**あな醜賢《みにくさか》しらをすと酒飲まぬ人をよく見れば猿にかも似る**

酒を飲まぬ人は、猿に似ているという。この「猿」は、都の藤原氏を指しているとする説もある。

無理もない、都では長屋王の変（七二九）が勃発していて、すでに述べたように、長屋王一家は滅亡していたのだ。大伴旅人は大切な旗印《はたじるし》を失い、自暴自棄になっていたのだろう。

このあと大伴旅人は、時の権力者藤原房前《ふささき》（藤原不比等の子）に命乞《いのちご》いととれる歌を贈り、許され、都に戻っている。

## 一族に自重《じちょう》を促《うなが》した大伴家持

大伴旅人の子の大伴家持も、不運だった。藤原不比等の孫・藤原仲麻呂（恵美押勝《えみのおしかつ》）が、独裁権力を握るちょうどその時、大伴氏の氏上となり、一族に自重を促しながらも、最後は謀反人扱いされてしまうのだった。

大伴家持は聖武天皇と県犬養広刀自《あがたいぬかいのひろとじ》の間に生まれた男子・安積親王《あさかしんのう》の即位を願っていたが、親王は天平十六年（七四四）に急死している。『続日本紀』は何も記さないが、仲麻呂に殺されたと通説も認めている。聖武天皇と藤原仲麻呂が主導権争いを演じている真っ最中に、犠牲になったのだ。藤原仲麻呂にすれば、藤原氏が外戚の地位からはずれることは恐怖だったのだろう。このの ち藤原仲麻呂は橘奈良麻呂《たちばなのならまろ》の変（七五七年）で、反藤原派に血の粛清《しゅくせい》を加え、政敵を一掃《いっそう》してしまった。

この直前、大伴家持は緊迫する空気の中で、「族に諭《さと》す歌一首」を詠《よ》んでいる（巻二十―四四六五）。「われら大伴は、君の御代《みよ》御代仕えてきた」といい、「先祖の名を絶やしてはならない」、「慎重になろう」と呼びかけている。しかし、藤原氏の手段を選ばないやり方に、多くの者が憤《いきどお》り、挑発に乗った形で、乱は勃発してしまったのだ。反藤原派はここに潰滅《かいめつ》した。刑に処せられた者、計四四三名に上った。大伴家持は生き残ったが、孤立してしまったのである。

藤原仲麻呂は実権を握ると、養子のようにして自宅に囲い入れていた皇族を即位させることに成功している。藤原仲麻呂の長男はすでに亡くなっていてその嫁を、あてがっていたのだ。これが淳仁天皇で、藤原仲麻呂は独裁者になった。淳仁《じゅんにん》朝で独裁権力を握っている。藤原仲麻呂の執念、権力への執着も、凄まじいものがある。

藤原仲麻呂は淳仁天皇から恵美押勝の名を下賜され、「恵美家だけ」が栄える社会を作り上げていった。当然、「恵美家以外の藤原氏」もこれには閉口し、反発していく。そして孤立した恵美押勝は、天平宝字八年（七六四）、乱を起こし、滅亡する。

こうして大伴氏は復権するが、桓武《かんむ》天皇の時代、長岡京遷都《ながおかきょうせんと》にまつわる事件に巻き込まれ、失脚する。この直前に大伴家持は東北征討に向かうよう命じられたが、「老齢ゆえ無理だ」と断るも無視され、結局家持は任地で病死してしまう。しかもこの時、都で勃発した謀反の主犯格にされてしまったのだ。ここでふたたび、大伴氏は藤原氏の穢《きたな》い手口によって追い落とされてしまったのである。

このあたりの事情がわかってくると、「東」の「西」に対する、根深い恨みつらみの真相が、見えてくるのである。

## なぜ、平氏と源氏が東に乗り込んだだけで静かになったのか

平将門や東国の謎を探るうえで、一つの大きな謎がある。それは平氏《へいし》(平家《へいけ》)や源氏が乗り込んだ瞬間、関東の大混乱は一度収拾されてしまうことなのだ。これはいったいどういうことだろうか。平氏や源氏が強大な軍事力を持ち込んだわけではない。彼らは、むしろ土地に馴染《なじ》み、関東の土地を開墾していったのだ。それにもかかわらず、なぜ、暴《あば》れ回っていた俘囚や群盗は静かになってしまったのだろうか。

ちなみに、最初に関東に乗り込んだのが、平将門の祖父で葛原《かつらはら》親王の孫・高望王《たかもちおう》だった。寛平《かんぴょう》元年(八八九)、平姓を賜り(平高望)、上総介《かずさのすけ》に任ぜられた。多くの者が遙任(実際には任地に赴かないこと)でお茶を濁していたが、平高望は関東にやってきて、周辺に根を張っていったのである。

平氏や源氏は、天皇の末裔だ。平安京で皇族が増え、養いきれないからと、臣籍降下《しんせきこうか》さ

せられたのだ。よくよく考えてみれば、『日本書紀』の説話を信じれば、上毛野《かみつけぬ》氏も天皇の末裔であり、ヤマト建国直後の「源氏と平氏」の原型だったことになる。東国の民が王の末裔を慕《した》ったという話を思い起こす。すると、東国の荒くれどもは、王家の権威に屈服したということだろうか。話はそれほど単純ではあるまい。

まず、源氏と平氏の臣籍降下の理由について、考えておきたい。そもそもなぜ、天皇の末裔が臣籍降下したあと、武士となって関東に流れていったのだろうか。「藤原の思惑」を念頭におけば、これまでとは違う景色が見えてくるのではあるまいか。

藤原氏は律令を支配し、他の旧勢力を煙《けむ》に巻いた。その一方で、いざという時には、「天皇の権威」を大いに利用した。

「天皇の命令は絶対」だった。しかし、天皇に権力は渡されていなかった。これが、律令制度上の天皇の正しい姿だ。すなわち天皇は、太政官《だいじょうかん》の合議を経《へ》て上がってきた案件を追認するだけの存在だったのだ。

そして、太政官が管理する御璽《ぎょじ》が文書に押印《おういん》されることで正式に、「天皇の命令」となり、政治を動かした。

ところが藤原氏は、「天皇の命令は絶対」という「建て前」を、時に悪用した。藤原氏に都合の悪い事態が勃発した時、「天皇の命令」を最大限に活用したのだ。

実は、長屋王が抹殺されたのは、このような曖昧《あいまい》な天皇にまつわる規定をめぐって、長屋王が「はっきりとさせよう」と言い出したことに起因していたと、筆者はみる。すなわち、藤原氏は、律令だけではなく、「天皇」という打出《うちで》の小槌《こづち》を残そうと企て、長屋王の変（七二九年）は勃発したのだ。結局長屋王を抹殺することで、「天皇という保険」を残しておくことに成功したのである。

ただし、天皇を思い通りに動かすには、「天皇の母が藤原」である必要があった。これが、「外戚（天皇の母と祖父が藤原氏）になる意味」である。

ただし、藤原氏が外戚の地位を確固たるものにするためには、大きな障害があった。それは、皇族のキサキである。

皇族のキサキから産まれ落ちた子は、諸豪族、貴族の女人から産まれた子よりも、地位と権威が高く、皇位に近い。だから藤原氏は、極力皇族の女性を天皇のそばに近づけたくなかったのだろう。

多くの皇族が臣籍降下した理由の一つは、ここにあったのだろう。そして、「邪魔になった元皇族」は、関東の争乱の中に、送り込まれたわけである。

## 平将門は東の恨みの代表者

ここまでわかってくると、なぜ平氏や源氏が、それまで手のつけられなかった関東の荒くれどもを手なずけることができたのか、その理由がはっきりとわかってくる。

東北蝦夷は移住を強要され、多くが関東にやって来た。逆に関東の民は、「行きたくないのに東北に行かされた」のだ。征討軍を指揮した大伴氏にも戦意はなかった。藤原氏の野望の意味がわかっていたからだ。東北蝦夷征討が長期化し、なかなか戦果があがらなかったのは、当然のことだ。

宝亀十一年（七八〇）三月二十二日には、陸奥国で夷俘《いふ》（朝廷側に靡《なび》いた蝦夷）伊治呰麻呂《これはりのあざまろ》が乱を起こし、按察使《あぜち》を殺している。ところがこの時、陸奥介《むつのすけ》の大伴真綱《まつな》だけは助け、多賀城まで「護送」している。そして大伴真綱は石川浄足《きよたり》とともに、多賀城を脱出した。「石川」は「蘇我氏」であり、反藤原派が無傷で逃げられたところに、東北遠征の本質が見えてくる。誰もが、藤原氏の「夷をもって夷を制す」というやり方に辟易《へきえき》し、馴れ合いの戦争を展開していたのである。決着がついたのは、坂上田村麻呂《さかのうえのたむらまろ》の役割が大きい。蝦夷を率いていた阿弖流為《あてるい》から恭順の遺志を引き出したのだ。しかし都に戻ってみると、貴族たち（藤原氏）は阿弖流為を許さなかった。坂上田村麻呂の助命嘆願も無視され、阿弖流為は処刑された……。

関東と東北の藤原氏に対する恨みは深かったはずで、だからこそ、関東は無法地帯と化したのだろう。

そういう土壌に、平氏と源氏が乗り込んできた時、お互いが、「藤原氏にいじめられた者同士」であることに気づいたのではあるまいか。

関東の兵士は東北の蝦夷と戦わされた。この期《ご》に及んで、今度は藤原氏に追い出された平氏と源氏と戦わなければならないのか……。そう考えた時、両者は共存という道を選んだのではなかったか。

こう考えてくると、なぜ平将門の祟りが、なかなか消えなかったのか、その意味がわかってくる。祟りの恐怖は、普通数十年で消えるものだ。それにもかかわらず語り継がれてきたのは、関東の民の「西」、「藤原」に対する恨みつらみが、平将門の姿を借りて噴出していったのではなかったか。平将門は、「関東の恨みを代弁する人物」になったのである。

# 東西日本をつなぎ止めた「神＝天皇」

あるいは、こういうことかもしれない……。

平将門は東国の独立を夢みたが、時代は彼に追いついていなかった。武士が一丸となって朝廷に対抗しようなどという発想は芽生《めば》えていなかったし、まだその実力もなかった。平将門は無謀な戦いを挑《いど》んだのであり、計画性もなかった。無邪気だったからこそ神格化され、人びとは祟りを恐れた……。

そして、平将門は伝説となり、のちの時代の関東の民は「平将門の野望」を現実のものにしようと、もがいたのではなかったか。

しだい武士が力をつけ、「藤原貴族社会」が没落すると、十二世紀の終わりごろ、源氏の棟梁《とうりょう》・源頼朝《みなもとのよりとも》は、鎌倉（神奈川県鎌倉市）に幕府を開く。ここに「西が東を利用する」時代は終わりを告げたのだ。

ただし、鎌倉幕府が西日本すべてを掌握していたわけではなく、また、朝廷や貴族と強く結ばれた寺社が鎌倉幕府の言いなりになったわけではない。既得権益《きとくけんえき》をそう簡単に手放すはずもなかったのだ。「幕府と朝廷は、東と西の民、新興勢力と旧支配層それぞれの代弁者として共に歩む道を選んだ」といったほうが、正確かもしれない。

よくよく考えてみれば、古代から連綿と、東と西は、異なる文化圏を形成し、ときどき争いつつも、共存してきたのだ。

そして、東西の日本をつないでいたのは、「天皇や天皇の末裔（上毛野氏や平氏、源氏）の権威」であった。

三世紀後半から四世紀のヤマト建国も、新しい信仰形態（埋葬文化）を掲げて産声《うぶごえ》をあげ、「祭司王（天皇）の権威に裏づけられたゆるやかな連合体」を、すでに作り上げていたのだ。

ただし、平将門の祟りがまことしやかに語り継がれてきたように、いまだに「東と西」には、大きな溝《みぞ》が横たわっている。

それが悪いといっているのではなく、それぞれの地域にいろいろな考え、嗜好《しこう》の持ち主が暮らしていることは、むしろ大切なことだ。それでいて恐ろしい大災害が起きると、お互いに助け合うという、その「神（大自然）が暴《あば》れ出したら人間は無力になる」という共通の認識で結ばれていることが、日本人の特徴だと思う。

その「神に対する怖れ」をわかりやすく形にして表現したのが「現人神＝大王・天皇」

であり、この「権力を持たない権威としての天皇」の発明こそ、日本人の英知であった。

もちろん、独裁権力を握り暴走する天皇や院（法皇）という例外もあったが、それが長続きするはずもなかったのだ。

この「東西どちらの日本人にもわかりやすい信仰形態＝天皇」があったからこそ、東西二つの文化圏は分裂することなく、続いてきたのだろう。

## ◎おわりに

西と東は、長い歴史の中で、異なる文化圏を形成していった。その一方で、もともと日本列島に暮らす人たちは、「共生する智恵」を育《はぐく》んでいたはずで、異質だからといって反目《はんもく》し、他者を排除するようなことはなかっただろうし、事実七世紀まで、ヤマトと東国は、いがみ合うことなく共存していたのだ。

ＤＮＡ科学の最先端を行く崎谷満《さきたにみつる》は『新日本人の起源』（勉誠出版）の中で、次のように指摘している。

日本列島だけにＤＮＡ多様性が高いレベルで維持されてきたことを考慮すると、少数者にも存続を許すような優《やさ》しい伝統がこの日本列島にはあったことが推定され、単なる共存（coexistence）を超えて、お互いの存続を助け合う共生（symbiosis）のあり方がこの列島の伝統的な価値観ではなかったかと想定される。

日本人の「ともに歩む智恵」は、世界的にも珍しいことだと﨑谷満は強調する。確かにその通りなのだ。ただ、この奇跡が完成するには、地理的な要因も大きな意味を持っていた。最大の理由は、日本が東海の島嶼《とうしょ》であったこと、侵略を受けたことがなかったことだ。そして第二に、山がちな地形という要素もある。大軍が押し寄せても、ゲリラ戦を展開すれば、そう簡単に蹂躙《じゅうりん》されることもなかった。織田信長が木曽攻めに躊躇《ちゅうちょ》した理由が、これだ。日本人の多様性は、地形と関わりが深いだろう。

日本人が奇襲やゲリラ戦を好み、楠正成《くすのきまさしげ》や真田幸村《さなだゆきむら》のような「少人数で大軍を打ち破る」智将に喝采《かっさい》を送るのは、このような地形を考慮しなければ、その意味がわからない。

ただし、関東に限っていえば、「隣村まで峠を一つ二つ越えなければたどり着けない」という、日本列島のそこかしこで見受けられる光景が、起こりえない。関東平野で育った人間には、地方の「山がちな地形」が、かえって新鮮に思えるほどだ。ふだん、山を意識しないで暮らしているのが関東の人間なのだ。

この、どこまでも続く広い景色は、おそらく人生観、文化、嗜好《しこう》に、強く影響していると思う。西側から観れば異質であろうし、屈託なく笑い、走り回る姿は、時に粗野に映《うつ》り、恐怖したのかもしれない。それでなくとも、関東古代人のミトコンドリアDNAハプログループは、多地域と差があって、独自の世界を構成していたと﨑谷満は指摘している（前掲書）。

西に藤原氏一党独裁の「強い意志を持った政権」が誕生したことによって、「ゆるやかに共生する時代」は、終わりを告げ、「東」は異質なものどもとして、恐れられていったのだろう。藤原氏の政敵が東国とつながっていたという理由から、東国は利用され、搾《しぼ》り取られていったのだ。その結果、藤原氏だけが高笑いする世の中が出来《しゅったい》したが、長続きするはずもなかった。武士が東国で勢いをつけ、西を圧倒するようになっていくのは、時間の問題だった。そしてこれこそ、平将門の祟りに思えてくるのだ。それは間違いなく、共生の智恵を踏みにじられた東国の民の怒りでもあったろう。

なお、今回の執筆にあたり、実業之日本社の安田宣朗編集長、オフィスＯＮの荻野守氏、歴史作家の梅澤恵美子氏のご尽力を賜りました。改めてお礼申し上げます。

合掌

## ◉参考文献


『古事記祝詞』　日本古典文学大系　（岩波書店）
『日本書紀』　日本古典文学大系　（岩波書店）
『風土記』　日本古典文学大系　（岩波書店）
『萬葉集』　日本古典文学大系　（岩波書店）
『続日本紀』　新日本古典文学大系　（岩波書店）
『魏志倭人伝・後漢書倭伝・宋書倭国伝・隋書倭国伝』　石原道博編訳　（岩波書店）
『旧唐書倭国日本伝・宋史日本伝・元史日本伝』　石原道博編訳　（岩波書店）
『三国史記倭人伝』佐伯有清編訳　（岩波書店）
『先代舊事本紀』大野七三　（新人物往来社）
『古代豪族のルーツと末裔たち』『歴史読本』編集部編　（新人物往来社）
『日本の神々』　谷川健一編　（白水社）
『神道大系　神社編』　（神道大系編纂会）
『古語拾遺』斎部 広成著　西宮 一民編集　（岩波文庫）
『藤氏家伝　注釈と研究』　沖森卓也　佐藤信　矢嶋泉　（吉川弘文館）
『日本書紀　一　二　三』　新編日本古典文学全集　（小学館）
『古事記』　新編日本古典文学全集　（小学館）
『全集　日本の歴史　第一巻　列島創世記』　松本武彦　（小学館）
『平将門』　北山茂夫　（朝日新聞社）
『怨霊とは何か』　山田雄司　（中公新書）
『日本の歴史　07　武士の成長と院政』　下向井龍彦　（講談社）
『古代を考える　東国と大和王権』　原島礼二　金井塚良一編』（吉川弘文館）
『日本美　縄文の系譜』　宗左近　（新潮選書）。
『「前方後方墳」出現社会の研究』　植田文雄　（学生社）
『瑞垣』　宮本長二郎　（神宮司庁）
『東京の古墳を考える』　坂詰秀一監修　品川区立品川歴史館編　（雄山閣）
『大化改新と鎌倉幕府の成立』　石井良助　（創文社）
『日本古代史の諸問題』　井上光貞　（思索社）
『東と西の語る日本の歴史』　網野善彦　（講談社学術文庫）
『日本古代政治史研究』　岸俊男　（塙書房）
『弥生文化の成立』　金関恕　（角川選書）
『縄文時代』　小山修三　（中公新書）
『倭人への道』　中橋孝博　（吉川弘文館）
『防人歌の基礎構造』　吉野裕　（筑摩叢書）
『防人と衛士』　野田嶺志　（教育社歴史新書）

著者

**関 裕二**（せき ゆうじ）

歴史作家。1959年千葉県柏市生まれ。奈良に通い詰め、独学で古代史を学ぶ。1991年に衝撃的デビュー作『聖徳太子は蘇我入鹿である』を発表以来、古代をテーマに意欲的な執筆活動を続けている。

著書に、じっぴコンパクトシリーズ新書の既刊『なぜ「日本書紀」は古代史を偽装したのか』、『なぜ「万葉集」は古代史の真相を封印したのか』、『古代史この「七つの真実」はなぜ塗り替えられたのか』、『意外な真相？ 驚きの事実！ 裏も表もわかる日本史 古代編』（以上、実業之日本社）のほか、『物部氏の正体』、『蘇我氏の正体』、『藤原氏の正体』（以上、新潮文庫）、『「日本書紀」が隠し通した天皇の正体』（廣済堂文庫）、『消えた出雲と継体天皇の謎』（学研）、『王剣強奪』（芸文社）などがあり、斬新な切り口で数々の意欲作を発表している。


※本書は書き下ろしオリジナルです。


じっぴコンパクト新書 282

**闇《やみ》に葬《ほうむ》られた古代史《こだいし》**
**なぜ、西国《さいごく》は東国《とうごく》の歴史《れきし》を隠《いん》ぺいしたのか**

2016年1月15日 初版第1刷発行

著者……………関 裕二
発行者…………増田義和
発行所…………実業之日本社
〒104-8233 東京都中央区京橋3-7-5 京橋スクエア
電話（編集）03-3535-2393
（販売）03-3535-4441
http://www.j-n.co.jp/
印刷所…………大日本印刷
製本所…………ブックアート




ISBN978-4-408-11173-5（学芸）